Gallip

THORSTEN WIHODA

FÜR EIN VIELLEICHT IST DAS LEBEN ZU KURZ.

Warum der Krebs
mein Anfang war!

Bibliografische Information der Deutschen Nationalbibliothek

Die Deutsche Nationalbibliothek verzeichnet diese Publikation in der Deutschen Nationalbibliografie; detaillierte bibliografische Daten sind im Internet über http://dnb.dnb.de abrufbar.

Coverbild & Autorenportrait: Katrin Lübeck, Köln
Satz und Layout: Timo Hirschfeld, Düsseldorf
Umschlagsgestaltung: Timo Hirschfeld, Düsseldorf
Lektorat und Korrektorat: Maximilian Lemli, München
Druck: Bookpress.eu, Polen
ISBN: 978-3-9824824-2-2

Über den Autor

Thorsten Wihoda geboren 1975 in Köln, ist Versicherungsfachmann und Familienvater von drei Kindern.

Der ambitionierte Sportfan machte die Wendepunkte seines Lebens – zwei Krebsdiagnosen in den Jahren 2014 und 2017 – zu seiner Neuausrichtung und berichtet seitdem im Direktvertrieb auf großen Bühnen von seinen Erfahrungen und der elementaren Reise zu sich selbst.

"Mein Ziel ist es,
Menschen Mut zu
machen und zu zeigen,
dass die Grenzen in
unserem Kopf gesetzt
werden, nicht aber durch
die Außenwelt."

Dank

Ich möchte mich bei meinen Eltern bedanken. Danke, dass ihr immer zu mir gehalten habt und mich zu dem Mann gemacht habt, der ich heute bin. Mit den Werten, die ihr mir mitgegeben habt und die ich sehr schätze und lebe.

Mama Dir sage ich Danke für Deine Herzlichkeit, Deine Liebe und dass Du immer für uns – die Familie – da warst und bist.

Papa Dir möchte ich Danke sagen für Deine Loyalität und Integrität, die ich von Dir habe und die Du mir immer vorgelebt hast, egal welche Konsequenzen es eventuell gehabt hätte oder hatte.
Danke für eure Liebe, Unterstützung und Hilfe.
Ich weiß wie schwer es manchmal war.

Ich sage Danke, Sabrina, dass Du mir das wertvollste und schönste Geschenk gemacht hast, das ich habe… eine eigene Familie. Danke, dass wir die Tiefen und Höhen zusammen gemeistert haben.
Danke, dass Du immer noch da bist und wir noch viele gemeinsame Jahre erleben werden.

Danke an meine Freunde, die ganz alten und die etwas neueren, die mich nehmen wie ich bin und mein Leben bereichern. Und allen zusammen möchte ich von ganzen Herzen und aus tiefster Seele und Liebe für die Erinnerungen danken, die ihr mir alle schenkt.

Auf viele weitere gemeinsame Erinnerungen.

Euer
Sohn, Partner, Freund und Vater

P.S.: Es gibt den Tod gar nicht, es gibt nur den Moment davor!

INHALT

Nightbirde - eine Widmung

Einen Teil dieses Buches möchte ich einer Frau widmen, die ich persönlich nicht kenne und dennoch hat mich ihr Auftreten in der amerikanischen Castingshow „Americas Got Talent" extrem bewegt. Zu Tränen hat sie mich gerührt und auch ermutigt, immer zu glauben. Im Zweifel auch an das Unmögliche.
Ihr Name ist Nightbirde.

Eine wunderschöne Frau, die neben ihrer Optik und Musik mit ihrer Form der persönlichen Energie mein Herz auf eine ganz tiefe Art berührt. Jane, so lautet ihr bürgerlicher Name, strahlt nach drei Jahren der Krebserkrankung eine Form innerer Größe aus, zu der die meisten Gesunden vermutlich kaum im Stande wären. Sie lebt, liebt und glaubt. An sich, an das Leben und alle Wunder, die auf sie und uns alle auch in Momenten der Hoffnungslosigkeit warten. Ich fühle mich mit ihr verbunden und schaue dennoch zu ihr auf. Ein Satz von ihr hat mein Leben geprägt und wird mich immer begleiten:

„I have a two percent of survival, but two percent is not zero percent. Two percent is something and I wish people knew how amazing it is."

Jane, 2021

Diese Form von Lebenseinstellung ist es, die sie von anderen unterscheidet. Jane ist umgeben von einer Art Glow, der ihre Geisteshaltung und die Liebe zum Leben spiegelt. Wer den zwei Prozent Überlebenschance diese Form von Frieden und Verbundenheit zugesteht, ist eine wahre Heldin und ein Vorbild. Mit ihren 30 Jahren hat Jane erlebt, dass man auch im Angesicht des

Todes noch Ausgrenzung erfährt. Ihr Mann hat sie verlassen, als die Diagnose der unheilbaren Krankheit kam. Kaum auszumalen, wie wenig liebenswürdig sich ein Mensch genau dann fühlen muss, wenn er Ablehnung in einem Moment erfährt, in dem er eigentlich „nur" Liebe bräuchte.

„It´s important that everybody knows that I´m so much more than the bad things happen to me."

Jane, 2021

Diese umwerfende Frau besticht durch ihre schöne Seele, zu der sich auch eine schöne Hülle gesellt. Ihr Licht scheint hell und kann bzw. sollte vielen Menschen den Weg weisen, die selbstgerecht die kleinsten Dinge ihrem Leben zu riesigen Dramen aufbauschen. Wer so authentisch wie Nightbirde ist, wird immer auch an Grenzen stoßen, denn das hört ja nicht auf. Aber die Grenzen sind anders gefasst und der Sinn des Lebens steckt in jedem ihrer gesungenen und gesprochenen Worte. Authentizität ist es wohl, wenn Du gesprochene Worte auch fühlst. Bewegt Dich etwas, hat es Deine Seele berührt. Danke Jane, dass Du Vorbild bist!

Nachtrag Monate später: Als ich die ersten Zeilen dieses Buches geschrieben habe war die tiefe Hoffnung in mir, dass sich das Wunder des Lebens für Jane zeigen würde. Dass die beinahe letzten Zeilen des Buches heute ihren Tod beinhalten, macht mich traurig. Man kann noch so Realist sein, im Herzen bleibt die Hoffnung bis zum Ende. Es macht mich nachdenklich, wütend und es erschüttert mich, dass Jane nun ihre letzte Reise antreten musste. Ich will mir das nicht eingestehen müssen. Ich will bei meinen Illusionen bleiben und für immer Hoffnung im Herzen tragen. Meine Zuversicht in diesem Leben gilt auch ein kleines bisschen Jane – wer weiß, als wer sie wiedergeboren und uns geschenkt wird.

"You can't wa
hard anymor
decide to

until life isn´t

e before you

be happy!"

I moved to California in the summer time

I changed my name thinking that it would change my mind

I thought that all my problems they would stay behind

I was a stick of dynamite and it was just a matter of time, yeah

All day, all night, now I can't hide

Said I knew myself but I guess I lied

It's okay, it's okay, it's okay, it's okay

If you're lost, we're all a little lost and it's alright

It's okay, it's okay, it's okay, it's okay

If you're lost, we're all a little lost and it's alright

It's alright, it's alright, it's alright, it's alright

I wrote a hundred pages but I burned them all

(Yeah, I burned them all)

I drove through yellow lights and don't look back at all

I don't look back at all

Yeah, you can call me reckless, I'm a cannonball

(uh, I'm a cannonball)

Don't know why I take the tightrope and cry when I fall

All day, all night, now I can't hide

Said I knew what I wanted but I guess I lied

It's okay, it's okay, it's okay, it's okay

If you're lost, we're all a little lost and it's alright

It's okay, it's okay, it's okay, it's okay

If you're lost, we're all a little lost and it's alright

It's alright, it's alright, it's alright, it's alright

It's alright, it's alright, it's alright, it's alright

Oh-oh-oh-oh, it's alright

Oh-oh-oh-oh, it's alright

Oh-oh-oh-oh, it's alright

Oh-oh-oh-oh, it's alright

To be lost sometimes

It's okay, it's okay, it's okay, it's okay

If you're lost, we're all a little lost and it's alright

It's okay, it's okay, it's okay, it's okay

If you're lost, we're all a little lost and it's alright

It's okay, it's okay, it's okay, it's okay

If you're lost, we're all a little lost and it's alright

It's okay, it's okay, it's okay, it's okay

If you're lost, we're all a little lost and it's alright

It's okay, it's okay, it's okay, it's okay

If you're lost, we're all a little lost and it's alright

Quelle: Musixmatch
Songwriter: Jane Marczewski

Vorwort Gabriella Christ

Who the Fuck ist eigentlich Thorsten Wihoda?

Das kann ich Euch auch nur ein Stück weit beantworten. Wir sind alle Suchende in einer Welt unzähliger Möglichkeiten. Und immer dann, wenn wir denken, wir haben das Wissen gepachtet, kracht das Leben mit schallendem Gelächter dazwischen.

Fest steht: Der Typ, der dieses Buch geschrieben hat, ist irre. **Er hat eine Wette gegen das Schicksal gewonnen und dem vermeintlich sicheren Tod den Stinkefinger gezeigt.** Auf jeden Fall ist Thorsten der Mann mit der ansteckendsten Lache, die ich je gehört habe. Du kannst gar nicht anders, als mitzulachen... und gleichzeitig gehört er zu den wohl tiefgründigsten Personen, welche ich in meinem Leben kennenlernen durfte (auch wenn man das zunächst nicht erwartet). Er selbst nennt mich seine Mentorin. Das hat mir Daniela Hillers, die Verlegerin seines Buchs, verraten. Zugegeben beschämt mich das etwas, aber es macht mich auch dankbar, denn ich habe mehr von ihm gelernt als er von mir.

Als mich Thorsten 2019 in Hamburg besuchte, ging es ihm gar nicht gut. Dies war nicht dem Krebs geschuldet, es war schlimmer... Hä? Geht es noch schlimmer? Sein mentaler Zustand war wohl an einem Tiefpunkt. Da habe ich diesen Sunnyboy das erste Mal weinen sehen...Unser Gespräch ging ans Eingemachte. Damals habe ich auf ihn eingeredet wie auf einen lahmen Gaul: Bitte, bitte – Du musst schreiben, Du hast etwas zu sagen, was die Menschen von Dir lernen können... und wenn Du es nicht für Dich tust, dann tu es für Deine Tochter oder für all die Menschen, die Du liebst. Wenn einer weiß, wie endlich das Leben sein kann, dann Du! Und immer wiederholte ich gebetsmühlenartig den Satz: DAS LEBEN IST ZU SPÄT FÜR MORGEN!

Und nun ist es getan. Er hat es getan. Hier sind seine Geschichten... Großartig und absolut authentisch geschrieben. Lieber Leser, Du wirst weinen und Du wirst Dir den Bauch vor Lachen halten. Dies kann ich jedem versprechen, der in die Welt von Freud und Leid eintaucht.

Lieber Thorsten, ich freue mich schon jetzt auf viele weitere Werke von Dir, denn dies war erst der Anfang... Du hast noch sooo viel zu sagen.

Deine stolze Mentorin Gabriella

Vorwort Daniela Hillers

Jeder Tag ist ein Wunder!

Das klingt herrlich abgedroschen nach Bauernblattkalender und trifft wohl wie nichts mehr auf das Leben zu. Der Autor dieses Buches steht wohl wie kaum jemand, den ich kenne, permanent auf eine höchst liebenswürdige Art mit einem Fuß über dem Abgrund. Ist dies der Krebserkrankung geschuldet? Kein bisschen! Ja, lieber Leser, Du liest richtig!

Thorsten ist ein Lebemann, der alles auskostet, was es zu genießen gibt. Ist dies zu verdenken? Überhaupt nicht. Ist es nachvollziehbar, wenn man dem Tod ins Gesicht geguckt hat? Absolut! Treibt uns sein Leichtsinn, wir, die in seinem Umfeld sind, manchmal beinahe in den Wahnsinn? Vollkommen!

Triggerwarnung: Dieses Buch enthält so machen Schockmoment, der zum Nachdenken anregt – und das ist gut so! Thorsten geht mit Mut voraus, denn es kann sein, dass in seiner Sanduhr des Lebens der Platinstaub schon etwas weiter abgelaufen ist. Wir alle sollten das Leben und die darin enthaltenen Geschenke wertschätzen! Wir dürfen leben, lieben und lachen – was könnte mehr von Bedeutung sein?

Bei der Betrachtung des Lebens, auf das Thorsten blickt, wird mir einmal mehr klar, dass Leben täglichen Willen und Liebe bedeutet. Zu sich, zu den Menschen, zum Geschenk des Daseins. Das Spiel mit dem Feuer im Leben von Thorsten ist es, was seine Strahlkraft ausmacht. Ganz einfach. Er ist von Kopf bis Fuß auf Leben eingestellt und vergisst dabei manchmal, die Bremse zu betätigen, wenn es nötig wäre.

Vom Kleinkindalter an wollte ich Literatur schreiben, sie produzieren und Menschen bei ihrem Weg persönlicher Entfaltung begleiten. In einer beinahen naiven Weltsicht damals war mir nicht bewusst, welche Themen sich eines Tages bei mir auftun würden. Sehe ich Freunde wie Thorsten und die unzähligen Gespräche auf dem Weg der Entstehung dieses Buches, empfinde ich größte Dankbarkeit. Demut, Glück und Ergriffenheit, das hier tun zu dürfen.

Danke, Thorsten, dass ich Dich auf dem Weg zur Verwirklichung Deines Traumes begleiten darf – es ist mir eine Ehre. **Unser Herz ist ein Universum an sich, in das wir gegenseitig eintauchen durften.** Die gemeinsamen Erlebnisse überdauern dieses Leben und tragen uns, solange wir hier sind. Dieses Buch ist Gruß und Ermutigung für alle, den Arsch hochzukriegen! Wir lieben Tagträume, Wünsche zu kreieren und regelmäßige Dates mit uns selbst zu gestalten. Das Leben findet aus uns heraus statt – die Kraft für alles liegt in uns!

Also packen wir es an und genießen es, dieses Geschenk des kostbaren Lebens!

Thorsten - einfach ICH

Ich bin Thorsten, mittlerweile 47 Jahre alt und Vater von drei Kindern. Meine Geschichte, aus der dieses Buch entstand, begann im Grunde in den Jahren 2014 und 2017. Wenn ich es so recht überlege, fußt die Story meines Lebens auf meinem Empfinden und nicht auf zwei Jahreszahlen. Ich bin im Außendienst tätig und zum Jahresende wartet die Flut an Terminen, was ganz schön an die Kondition gehen kann. So auch Mitte November 2014. Ich ging los, um bei meiner Hausärztin Vitamine zu holen, und kam mit der Diagnose Leukämie zurück. Großes Blutbild, zunächst der Glaube an eine Laborente und dann die ernüchternde Wahrheit meines Körpers. Im Grunde sah ich fit aus, war halt nur schlapp und müde.

Und dann dieser Schock. 100.000 Gedanken kamen auf einmal in den Kopf. Krebs, was heißt das? Wie lange habe ich noch? Werde ich sterben? Was muss ich noch alles regeln? Habe ich meine Familie gut genug abgesichert? Wer übernimmt meine Termine im Büro für die nächste Zeit? Verliere ich meinen Job? Ich hatte ja gerade vor einem Jahr eine neue Stelle angefangen und Lilli, unsere Jüngste, war gerade mal zwei. Tränen und ein kurzer Rückzug aufs Klo, um mich zu sammeln.

Der schwerste Gang meines Lebens war wohl jener zu meinen Eltern. Ihnen zu sagen, dass ich Krebs habe, war fast unmöglich. Ich habe meine Eltern noch nie so traurig gesehen. Ausgerechnet mein Vater, der immer so stark für mich war, weinte so bitterlich, was ich bis dahin noch nie erlebt hatte. Noch heute weine ich selbst, wenn ich an diese Beklemmung in uns allen denke. Und dann habe ich es meiner Partnerin gesagt. Dieser Moment, wenn die Welt in einem stillsteht, weil man droht, jede Perspektive zu verlieren.

Ich erspare Euch allen die weiteren Einzelheiten. Die Uniklinik, Untersuchungen – die Anzahl der Leukozyten stieg innerhalb von drei Tagen von ca. 60.000 (normal sind so 8.000 bis 12.000) auf über 272.000. In der Klinik wurde schon ein Termin für eine Rückenmarksentnahme gemacht, und dann kam die Entwarnung. Chronische Leukämie, nicht tödlich. Mit Tabletten gut zu behandeln. Noch drei Tage, dann raus aus der Klinik. Und dann ging es erst richtig los!

Zu Hause begann die Tortur, die Chemotabletten begannen ihre Arbeit. Gelenkschmerzen, fünf bis sechs Mal am Tag Nasenbluten, Gliederschmerzen. Ich konnte mich nicht bewegen und lebte eine Zeit lang auf der Couch, weil ich nicht mal die Treppen hoch ins Schlafzimmer kam. Meine Jüngste wollte mit mir spielen und ich hatte nicht die Kraft, sie zu halten oder mit ihr auf dem Boden zu spielen. Ich weinte vor Schmerzen und nahm immer mehr ab. Kurz vor Weihnachten wog ich noch 60 kg, von zuvor 75. Dann wurde uns von einer Freundin eine Heilpraktikerin empfohlen, die mir helfen könnte. Schlimmer konnte es ja nicht werden, also fuhren wir dahin. Lange Rede kurzer Sinn. Nahrungsergänzungsmittel auf Kräuter und Obstbasis, 100 % natürliche Basis. Klang sehr gesund. Und es wurde besser, ich bekam wieder Appetit und das Nasenbluten hörte auf, ich nahm wieder zu und meine Gesichtsfarbe wurde wieder etwas lebendiger. Nein, geheilt bin ich nicht, jedoch bin ich fit und die Supplementierung hat mich, zumindest für mein Empfinden, gut dabei unterstützt und tut dies immer noch.

Das klingt doch alles ganz konstruktiv und besonnen. Und warum dann jetzt der Gang an die Öffentlichkeit? Warum jetzt dieses Buch, diese Botschaft?

Euch allen meine Impulse mitgeben zu können, ist meine Form, meinem Leben noch mehr Ausdruck zu verleihen. Meine Entscheidungen, meine Worte und mein Weg haben Gewicht. Das musste/durfte ich lernen, denn wie die meisten von uns habe auch ich mich lange Jahre zurückgenommen, auch wenn mir das vielleicht keiner glauben mag. Es gibt die Rampensau Thorsten und den stillen Mann, der über sich, die Höhen und Tiefen des Daseins, nachdenkt.

Dieses Buch soll auf gar keinen Fall ein weiterer „Wie gehe ich mit dieser Diagnose um?"-Ratgeber sein oder „Wie kämpfe ich gegen den Krebs?" NEIN, ich habe gegen den Krebs niemals gekämpft! Ein Kampf ist immer etwas Negatives und Negativität fördert den Krebs. Ebenso wie Stress. Und Negativität und Stress haben auch alle Menschen, die keine Krebsdiagnose erhalten haben – und an genau dieser Stelle möchte ich helfen. Hier möchte ich, dass Menschen wieder Eigenverantwortung für ihre Entscheidungen, für sich selbst und für ihr Leben übernehmen. Auch mal Nein sagen, nicht alles als gegeben hinnehmen, nur weil man das von ihnen so erwartet.

Ein perfektes Beispiel für meine Definition der Eigenverantwortung aus den letzten Jahren ist der Umgang mit Behandlungsformen. Von Panik erfasst sind Menschen bereit, alles zu tun und alles zu erleiden. Denn wer dachte, der „Spaß" mit der Leukämie sei die einzige Herausforderung in meinem Leben, irrt! Im Jahr 2017 krachte ein Krampfanfall während einer Reise in mein Leben und er legte offen, was ich trotz der Diagnose der Leukämie 2014 niemals für möglich gehalten hatte: Hirntumor.

Im Schnelldurchlauf: Operation, Prognose der Lebenserwartung von drei bis fünf Jahren, dieses Mal nicht so glimpflich wie „nur" die Leukämie. Nur um es mal in Zahlen auszudrücken: Nach der Bestrahlung folgte ein Gespräch zur Chemotherapie. Acht

Blöcke à sechs Wochen täglich, also ca. 340 Chemoeinheiten, Dauer ca. 18 Monate (inkl. Pausen zwischen den Blöcken) waren angeblich nötig. Ist dieser Ritt auf der Rasierklinge sinnvoll bei einer Lebenserwartung von drei bis fünf Jahren? Sollte ich pessimistisch von drei Jahren Lebenserwartung ausgehen, verbringe ich mindestens die Hälfte davon im Krankenhaus, und wer weiß, wie es mir dabei ergehen würde?

Der Arzt konnte mir nicht sagen, ob ich die Chemo überlebe, ob die Chemo bis zum Ende durchgeführt werden kann oder ob sie in irgendeiner Form oder Art und Weise hilft. Und meine Lebenserwartung hätte die Chemo nicht verlängert. Was für mich aber klar war, dass die Chemo meine Lebensqualität definitiv negativ beeinflusst hätte. Ja, hätte, Konjunktiv, denn ich habe die Chemo abgelehnt! Mein Bauchgefühl, Instinkt oder was auch immer, hat einfach rebelliert bei dem Gedanken an die Chemo. Und jetzt, fünf Jahre später, wirklich tolle, geile Jahre, mit vielen tollen und neuen Erinnerungen, später, schreibe ich dieses Buch.

Nicht jeder soll eine Chemo ablehnen, aber wenn ich bei so einer, naja, sagen wir mal auf Leben und Tod basierenden Thematik auf mein Gefühl höre, dann kann das jeder andere in Alltagssituationen auch. Und genau darum soll es gehen.

Will ich das wirklich?

Wie fühlt es sich an?

Warum will ich das?

Warum mache ich das?

Fragt euch das ruhig mal wieder und trefft dann eine Entscheidung, auch wenn es gegen das geht, was man von euch erwartet.

Ich habe zwei Tattoos:
Auf dem linken Arm steht NUR HEUTE und auf dem rechten BE THE CHANGE. Heute ist der einzige Tag, den ich gestalten und beeinflussen kann. An dem ich entscheiden kann, was ich mache oder nicht mache. Nur ein Tag, nur heute ist der Tag, der zählt.

Be the Change, sei der Wandel. Sei der Wandel, den Du in Deinem Leben sehen möchtest. Wandel Dich so, wie Du Deine Umgebung haben möchtest. Deine Familie, Partner, Freunde, Bekannte etc. Willst Du einen guten Freund haben, dann sei selber ein guter Freund, und zwar so wie Du ihn haben möchtest….

„Der Golden Buzzer Moment existiert für jeden von uns."

Mein Leben in Büchern oder Filmen umfasst alle Facetten. Den Abenteurer, den gescheiterten Helden auf seiner persönlichen Reise, den Gewinner, den Sohn, den Vater, den Aufsteiger, den Kämpfer und den liebenden Mann, der ebenso auch mal ängstlich ist. Mir wurde das Herz gebrochen, ich habe Herzen gebrochen. Ich habe geliebt, betrogen, ausprobiert und wie Frank Sinatra singt, mein Ding gemacht. Ich wusste nicht mehr weiter und habe es dennoch immer getan: Ich habe gelebt!

Mit Humor, Ärger, Mut, Fantasie, Tatendrang, Leichtsinn und unendlicher Lust aufs Leben. Ein Tag ohne Träume wäre mein Horror. Wer nun denkt, das alles klingt nach Abschied, ist auf dem Holzweg, denn mein Leben beginnt erst!

Dem Leben ins Auge sehen, bedeutet für mich, meine Seele zu spiegeln. Zunächst wollte ich über Leadership schreiben. Klar, das ist in Mode und alle mögen das irgendwie. Aber mag ich es? Nö! Ich bin kein Guru oder Held – einfach Thorsten. Leader seines Lebens zu sein, heißt, Eigenverantwortung für sein Leben zu übernehmen und auch mal ungemütliche Entscheidungen zu treffen – und dies erfordert oftmals Mut. Bekomme ich das alles hin? Auf keinen Fall. Ich springe stellenweise mit Anlauf in die Jauchegrube und ärgere mich über mich selbst wohl am meisten. Wir Menschen scheitern an gesteckten Zielen, weil wir den Weg nicht definieren. Und darin bin ich Spitzenreiter! Vielleicht wirst Du, lieber Leser, genau deshalb einen Mehrwert aus diesem Buch ziehen können: Weil ich mich selbst nicht überhöhe! Ich stelle meine Krankheit niemals über die Befindlichkeiten anderer – jeder hat zu seinem gewissen Zeitpunkt halt andere Themen zu bearbeiten.

Wir alle haben Potential, das wir mehr oder weniger ausleben. Ob ich mein ganzes Potential und alle Fähigkeiten schon entdeckt habe, weiß ich nicht. Natürlich wird der ein oder andere an dieser Stelle wahrscheinlich etwas unruhig, wenn man auf die prognostizierte Lebenserwartung blickt. Nach dem Motto „wenig Zeit und so“. Wenn ich mich diesbezüglich nicht verrückt mache, braucht es sonst wohl auch niemand zu tun. Zur Erinnerung: Es ist MEIN Leben. Ich passe in keine Statistik – während dieses Buch in euren Händen liegt, habe ich die magische Grenzen von fünf Jahren überwunden und gelte als medizinische Sensation.

Nicht erst am Ende stehen sich Qualität und Quantität gegenüber, und jeder muss für sich entscheiden, ob der Lebensweg und die Gewichtung dem Herzen entsprochen haben. **Das Leben ist, wie eine Reise mit verschiedenen Zwischenstopps (Zielen) zu sehen.** Wenn wir unterwegs zu einem Termin und Ziel sind, prüfen wird regelmäßig, ob wir auf dem Weg sind. Warum tun wir das im Berufsleben und vernachlässigen es in nahezu allen anderen Angelegenheiten? Natürlich ist es einfach, an dieser Stelle den Moralapostel zu geben. Selbst mit dieser Krankheit im Gepäck verfehle ich die eigene Reflexion so manches Mal.

Was soll Dir dieses Buch nun bringen? Es ist keine Erzählung meiner Lebensgeschichte. Es spiegelt Aspekte, die mir wichtig sind und von denen ich glaube, dass sie Euch allen einen Nutzen bringen könnten. Was bewirkt es genau? Keine Ahnung! Vielleicht Inspiration und Lust auf Veränderung aus uns allen heraus. Vielleicht ein Schmunzeln oder einfach Unterhaltung.

In den vergangenen Jahren habe ich gelernt, mit viel mehr Bewusstsein für meine eigenen Werte zu leben. Sie zu definieren, ist schon ein gewaltiger Schritt, ihnen selbst zu folgen, noch mal eine ganz andere Angelegenheit. Meine oberste Prämisse ist es, aus vollem Herzen zu leben und mich zu entfalten. Was will ich? Was ist mein Zweck der Existenz (ZDE), wie John Strelecky so schön beschreibt? Langsam bekomme ich eine Ahnung und bin dennoch froh, dass ich weitersuchen darf. Es ist längst noch nicht vorbei. Danke, Leben!

"Der Golden Buzzer Moment existiert für jeden von uns."

#Prolog

Jeder von uns betritt diese Bühne des Lebens unter individuellen Bedingungen und einer ganz eigenen Auffassung, was Leben, Liebe oder Glück bedeuten. Unsere Prägungen sind so verschieden, wie es die Seelen und Anzahlen an Menschen sind. Was für den einen Freude bedeutet, kapiert der andere nicht. Was den einen beinahe zerstört, ist für den anderen lediglich eine Herausforderung von vielen am Rande der Lebensautobahn. Niemals kann jemand außerhalb von uns bewerten, wie es uns geht, was Schmerz ist oder Hochgenuss – wir können nur erahnen, was in anderen vorgeht.

Ich habe harte Einschnitte erlebt und stelle diese dennoch nicht über die Erfahrungen anderer. Sie haben für mich eine eigene Wertigkeit und sind Besonderheit in meinem Leben, das steht fest. Wer aber sagt, dass meine beiden Krebserkrankungen bedeutsamer sind als der Liebeskummer eines anderen Menschen oder ein Verlust sonstiger Art ist, irrt sich gewaltig. Gut, laut Aussage der Ärzte dürfte es mich aus medizinischer Sicht heute nicht mehr geben. Kratzt mich das? Natürlich nicht. Ich passe in keine Statistik. Ich lebe, liebe, lache und weine. Immer und aus vollem Herzen.

Tief innen habe ich mir schon oft die Frage gestellt, wo meine Zeit eigentlich hingeht, wenn ich sie verlebt habe. Ist sie aufgebraucht wie eine leere Tube Zahnpasta? Verschwindet sie in eine andere Zeitzone oder auf einen Planeten, den wir noch nicht kennen? Mit den Jahren ist mir bewusst geworden, dass lediglich Erinnerungen und vielleicht auch Fotos überdauern. Die Geschichten hinter dem Leben sind es, die sich einprägen. Die Tränen, die Freude, ausgelassene Partys – am Ende sind es die Gefühle dahinter, die wir aufleben lassen können. Und dies selbst dann, wenn es Menschen längst nicht mehr gibt, die damals dabei waren.

Manchmal vergleiche ich mich mit dem Unkraut auf der Terrasse, denn das ist „unkaputtbar". Fakt ist, aus medizinischer Sicht hat der Tumor in meinem Kopf gestreut und andere Zellen befallen. Niemand weiß, wann er an welcher Stelle ausbricht. Stellt euch nun eine Terrasse vor. Einen schönen Ort mit Liegestühlen, Blick ins Grüne und einem Drink in der Hand, während ihr den Sonnenuntergang beobachtet. Der Ort ist schön, und ständig zupft ihr dennoch wie die Wilden das immer neue Unkraut zwischen den Fugen und habt keinen blassen Schimmer, wie weit die Wurzeln reichen oder wo sie anfangen. Wann beginnen sie, neu zu wuchern? **Tragen sie Blüten oder hässliche Dornen?**

Wann was passiert, ist je nach Krankheitsbild natürlich alles vor dem Hintergrund der Statistiken eine Art Würfelspiel. Sachlich, nüchtern, Statistik halt. Und dann poltere ich in diese Szene: Ein Mensch mit Empfindungen, manchmal auch Starrsinn und einer Menge Flausen im Kopf. Meiner festen Überzeugung nach gibt es nichts, was man zu hundert Prozent prognostizieren kann. Nichts ist sicher – und ich bin das Paradebeispiel. Helmut Schmidt hat sich als Kettenraucher 80 Jahre lang um den Verstand gequalmt und ist nicht an Lungenkrebs gestorben. Dies ist kein Aufruf, es ihm nachzumachen! Ich möchte seinen Konsum nicht verharmlosen – ganz im Gegenteil. Ist es nicht aber spannend, dass eine individuelle Unmöglichkeit zur Tatsache seines Lebens geworden ist? Es gibt halt immer Ausnahmen.

Auch nach nun mehr als acht Jahren fehlt es mir an Vorstellungskraft, dass es von heute auf morgen vorbei sein soll. So wie ich mich aktuell fühle, liegt mein Tod genauso weit weg, wie es bei „Gesunden" der Fall ist. Nicht zu leugnen sind Veränderungen und Spuren, die die Operationen an meinem Hirn hinterlassen haben. Aber wenn das alles ist… Es sind Kleinigkeiten, bei denen ich mich irre oder falsch erinnere. Kleine Gedächtnislücken, die immer mal im Alltag auftauchen. Auf die Goldwaage lege ich das alles nicht, sonst würde ich einfach irre werden. Vielleicht sind das ja auch einfach normale Alltäglichkeiten? Panisch zu werden beim kleinsten Kopfschmerz, würde meine Lebensqualität zerstören. Dieses „Was ist, wenn das Ding zurückkehrt?“ ist kein Gedanke für mich. Wird man dann halt sehen. Irgendwie bin ich vorbereitet, auch wenn ich kein Testament und keine Patientenverfügung habe.

Fakt ist, dass ich zwei Mal richtig Glück hatte. Mit ein bisschen Galgenhumor betrachtet ist es spannend, dass meine beiden Krebsarten nichts miteinander zu tun haben. Es taucht beinahe nie auf, dass ein Patient beide Keulen mitnimmt – es gibt keinerlei Querverbindungen. Offensichtlich bin ich sehr besonders. Leukämie bekommt nur jeder 100.000 Mann in diesem Land, mit dem Hirntumor verhält es sich ähnlich. Die Kombination haben lediglich vier Menschen in Deutschland. Vermutlich sind sich dessen nicht mal meine Freunde bewusst. Was für andere wie aus einem Horrorfilm klingt, ist seit nun mehr als acht Jahren mein Leben, und für alle, die an dieser Stelle heulen: **Es ist ein fucking geiles Leben!**

Im Rückblick auf die ersten Erschütterungen kann ich sagen, dass die Leukämie für mich schlimmer war als der Hirntumor. Warum? Keine Ahnung. **Ich kann es nicht logisch begründen, denn die Diagnosen und Schockmomente nutzen sich ja nicht wie ein Stück Seife ab.** Dem Befund nach ist der Hirntumor schlimmer als die Leukämie, da tödlich. Vielleicht bin ich im Grunde des Wesens intelligent genug, aber zu „dumm“, um es tatsächlich zu realisieren. Meine Vermutung ist, dass wir als Menschen ein gewisses Maß an Grausamkeiten erfassen können und danach unser Gehirn auf Durchzug schaltet. In meinem Fall auch logisch – nach meiner Operation ist dort ja etwas mehr Platz als bei anderen. Ja, verdreht nur die Augen vor Entsetzen – mit meinem Humor müsst ihr klarkommen, wenn ihr den Rest des Buches lesen wollt. **Die Dimension unendlich kann sich keiner von uns plastisch vorstellen, ebenso wenig wie tot.** Wie will man also eine tödliche Gefahr fühlen, wenn man sie nicht unmittelbar anfassen, sehen, riechen oder schmecken kann? Vielleicht mag ich an diesem Punkt auch einfach naiv sein. Oder fokussiert auf das, was Leben ist. Vermutlich schütze ich mich vor dauerhafter Angst.

Bei meinem Hirntumor war ich in der ganzen Kiste der Veränderung des Lebens schon mittendrin. Samstags Rückfahrt vom Gardasee mit 1000 Kilometern Autofahrt. Dienstag nach drei epileptischen Anfällen in der Nacht Aufwachen in einem Krankenhaus. **Filmriss der anderen Art, als ich es bisher in meinem Leben pflegte.** Du wirst wach und es stehen nach einem MRT ein Tumor oder eine Nervenkrankheit (ALS, Alzheimer) zur Auswahl. Prima, ich nehme Antwort A, den Tumor kann man im Zweifel operativ entfernen und möchte ohne Joker lösen. Können wir dann bitte nach Hause gehen? Ach, scheiße, Schatten und Raumforderung geben Rätsel auf.
Dann die schnelle Diagnose: Anaplastisches Oligodendrogliom WHO Grad III.

Und ich kann behaupten, niemals panisch gewesen zu sein! Immer waren alle Abläufe im Krankenhaus nach Plan, um die Schilderungen der Horrorszenarien mal abzukürzen. Das Leben hatte wieder mal auf Reset gedrückt. Rechts frontal der Tumor, die Motorik wird nicht eingeschränkt, wenigstens etwas. Vollnarkose, Wach-OP durch die Nase – alle scheinbar verfügbaren Skurillitäten wurden an mich herangetragen. Dann ein zweiter Tumor am Stammhirn, der Spaß des Diagnosen-Bingos und die damit verbundenen Würfelspiele der Behandlungen beginnen von vorne. Auf 15 Etagen im Krankenhaus (Was für ein elendiger Begriff ist das eigentlich? Wie wäre es mit Gesundungsparadies?) gab es unterschiedliche Angaben zur Behandlung. Das Vorgespräch mit einem Anästhesisten findet statt, der bei meinem Eingriff gar nicht dabei ist. Aber hey, was soll´s? Operation für 9 Uhr. Ich liege puddelrüh im OP-Kleidchen, und was passiert? Nichts. Man hatte den Eingriff irgendwie verdaddelt.

Am Tag nach der Operation dann bei der Visite:

Herr Wihoda, haben Sie Schmerzen?

Nö, Sie?

Warum ich? Sie hatten gestern eine Operation. Dann werden wir uns die nächsten drei Wochen wohl mal sehen.

Warum? Wollen Sie mich zu Hause besuchen?

Warum sollte ich Sie besuchen? Die Wundheilung steht im Fokus – Sie bleiben hier!

Keine Chance, meine Tochter hat kommenden Mittwoch Geburtstag.

Keine Chance, Sie kommen hier nicht raus. Postoperativ null Chance.

An Tag drei ging ich spazieren, an Tag sechs war ich daheim und an Tag 27 auf Mallorca. An dieser Stelle ist es nun Zeit, den medizinischen Kram zu streichen. Ihr wisst, was ich sagen will! Jeder kann für sich entscheiden und auf seine Intuition hören.

Irgendwann heißt in den meisten Fällen im Leben niemals.

Ich müsste ja…

Eigentlich wollte ich doch noch…

Ja, vielleicht…

Das mache ich morgen!

Am Arsch! Es gibt Dinge, die sich im Leben nicht nachholen lassen oder auch nicht rückgängig. Oder hat es jemand von euch schon mal geschafft, die Zahnpasta zurück in die Tube zu drücken? Die gute Nachricht ist, dass niemand zur Veränderung von Euch allen erkranken muss. Weder an Krebs, noch an einem Schnupfen. Und ja, der kann uns Männer ordentlich beuteln! Die unbequeme Tatsache ist, dass wir alle unseren Arsch zur Veränderung hochbekommen müssen. Was mir hier scheinbar leicht von der Hand geht, kostet auch mich Anstrengung, nur gebe ich es nicht gerne zu. Für allen Blödsinn und Exzesse stehe ich sofort zur Verfügung. Ich brülle als Erster „hier" und lebe, was es nur auszukosten gilt. Geht es bei den notwendigen Veränderungen jedoch um die besinnliche Hingabe zu sich selbst und die Achtsamkeit, die eventuell auch unschöne Erkenntnisse zum eigenen Leben offenlegt, schalte ich zunächst auf Durchzug. Das beherrsche ich perfekt. Mich um mich selbst zu kümmern, ist eine riesige Aufgabe, der ich manchmal nicht nachkomme. Das mag erstaunen, denn nach derartigen Diagnosen erwartet die Außenwelt, dass man zu einem erleuchteten Buddha aufsteigt. Nö, normaler Mann mit Macken trifft es wohl eher.

Es war einmal ein kleiner Thorsten, der auszog, die Welt zu erobern. Der stundenlang Fantasien nachging und unbeschwert auf alles sah, was das Leben wohl zu bieten haben könnte. Mein Ziel ist es, etwas von diesem kleinen Jungen zurückzuerobern. Als erwachsener Mann ist mein Leben heute ein Kreislauf der Selbstreflexion.

Zukunft gestalten
Vergangenheit annehmen und Frieden schließen

Wer bin ich, wer will ich sein? Kann ich die Erwartungen an mich selbst erfüllen? Ein täglicher Balanceakt macht das Leben liebenswert: Manche Visionen lohnen sich, in sie zu investieren, andere sind einfach blanker Unsinn, den mein Ego produziert. Die Welt hat sich in den vergangenen Jahrzehnten massiv verändert. Wir haben Zugang zur riesigen Informationsflut und uns stehen alle Möglichkeiten frei. Das macht es selbst für gesunde Menschen schon schwierig, die Orientierung zu finden. Mein Buch vertritt nicht die Idee, anderen das perfekte Leben oder die eine Wahrheit zu zeigen. **Ich möchte anregen und inspirieren, die Lösung am Ende trotz der vielen Optionen draußen in sich selbst zu finden.**

Meine Devise ist es, glücklich zu sein und für sein Glück einzustehen! **Tue das, was Dein Herz erfreut, und finde bedeutsame Dinge, die Deine Lebenszeit erstrahlen lassen.**

#1 Schrei nach Offenheit

Die Themen beim Namen zu nennen, ist mein Naturell. Ich gestehe es mir zu, frech zu sein, direkt und ehrlich. Während ich diese Zeilen schreibe, frage ich mich, warum sich nicht eigentlich jeder das Leben als eine Art Buch versteht. Ob das mit der Aufteilung der Kapitel meines Buches zusammenhängt? Mag sein. Ist aber nicht so wesentlich. Fakt ist doch, dass wir Abschnitte durchlaufen, es gibt Wegbegleiter und eine Story, die wir meistens erst am Ende kapieren. Mal ist unser Dasein ein Roman, mal ein Thriller, ein Trauerspiel, eine Komödie… Für jeden ist etwas dabei und ständig zeigen sich andere Aufführungen.

Im Laufe der letzten Jahre sind verschiedene Themen je nach Laune oder Herausforderung an mich herangetreten. Ein wesentliches Ding ist dabei die Offenheit. Wie gehe ich mit dem Schicksal um? Sage ich Arschlöchern unverblümt, was ich von ihnen denke, weil meine Zeit begrenzt ist? Und an dieser Stelle zeigt sich dann so ein Knackpunkt, denn für uns alle ist die Zeit begrenzt. Ich bin zwar gerne eine Ausnahme, verstehen müssen wir unsere Endlichkeit jedoch alle. Klar könnte ich plötzlich die 15 Punkte des Lebens, die 11 Methoden erfolgreichen Seins oder irgendeinen anderen Unsinn konzipieren. Glauben würde mir das eh keiner. Wann immer ich mir mit meiner Offenheit für Neues Regeln aufstelle, stolpere ich sofort darüber. Ich kann damit einfach nichts anfangen, daran ändert auch Krebs nichts. Mein Weg zu mir selbst ist zwar von Schicksalsschlägen begleitet, trotzdem weigere ich mich auch, erwachsen zu werden. Offenheit hin oder her. **Wer glaubt, der Krebs mache einen über Nacht zu einem neuen Menschen, der sein gesamtes Leben aufräumt und auf einmal weise wird: Nä!**

Wenn ich jedoch eine neue Sache zunehmend begreife, dann die Offenheit, mit der ich meinen Empfindungen begegnen möchte. Und dies immer! Die Jahre 2014 und 2017 waren so Zeitpunkte, zu denen eigentlich alles wie immer war. Alles war normal und gut. Und dann wurde mein Leben mit allen Gewohnheiten über den Haufen geworfen und ich war urplötzlich gezwungen, umzudenken. **Mein Leben schien mich zum Narren zu halten und ich war genötigt, Themen mit Offenheit zu begegnen, die man lieber verdrängen will. Für immer.**

Plötzlich sollst Du einen Helden in Dir entdecken, einen Kämpfer, ein Opfer, einen Kranken, einen innerlich total aufgeräumten Mann, Deine Intuition, Besinnlichkeit... Vielleicht will ich das ja alles gar nicht. Dieses Buch gehört genauso Euch, wie es mir gehört, weil ich genau auf diese Zwänge aufmerksam machen möchte. Ihr dürft eine neue Offenheit für eurer Leben entwickeln – und das aus einem gesunden Zustand heraus. Meine Selbstakzeptanz ist Ausdruck meiner Offenheit für mich und meine Empfindungen – auch fernab von Erwartungshaltungen. Irgendwie erinnert mich offen zu sein gleichzeitig auch daran durchlässig zu sein. Und da ist ja direkt wieder Schutz nötig. Ein seltsamer Kreislauf.

Es gibt verschiedene Formen von Offenheit, deren wir uns unbedingt klar sein müssen und dürfen.

Offenheit

zu sich selbst
zu seinem Umfeld
zur Gesellschaft
neuen Dingen gegenüber
zum Risiko
zur Konsequenz, nein zu sagen

zur Selbstliebe
zur Endlichkeit
zu unterschiedlichen Meinungen

Meine neue Offenheit bedeutet für mich, über den Tellerrand zu blicken und die Komfortzone zu verlassen. Ja, ich weiß, das klingt nach Motivationstrainer und ist abgedroschen. Es gibt nun mal Wahrheiten, die sich niemals abnutzen. Unsere Komfortzone ist jener Bereich, der unser persönliches Zuhause ist. Hier kennen wir uns gut aus und hier schirmen wir uns gegen das ab, was neu ins Leben kommen könnte – leider auch oft gegen konstruktive Themen und Neuigkeiten. Treten wir aus unserer Komfortzone heraus und wagen etwas Offenheit, betreten wir oft auch den Raum der Angst. Meinungen, Erwartungen, neue Eindrücke. Wenn es uns überrollt, wollen wir am liebsten sofort in die Komfortzone zurück. Schotten dicht. Konfrontation mit Problemen oder Veränderung meiden? Doch so läuft das Lebensspiel nicht. Welche Wahl hatte ich zum Beispiel bei meinen beiden Diagnosen? Mich weigern und in der Komfortzone bleiben, hätte beide Male meinen sehr zeitnahen Tod zur Folge gehabt. Also raus und Ärmel hochkrempeln. Neu ausrichten, Pläne schmieden und sich damit anfreunden, dass ab jetzt einiges anders sein würde. Im Rückblick ist es spannend, zu beobachten, dass diese ominöse Offenheit selbst vor dem Hintergrund der Erkrankungen doch gar nicht so schlimm war, wie es der Panikmodus in uns zunächst vermuten mag. **Innerlich hat der Wandel also geklappt. Wie sieht es aber mit der Welt draußen aus?**

Die neue Offenheit in mir bringt mich dazu, auch der Außenwelt mit neuen Betrachtungen zu begegnen. Wo ich mit offenem Herzen und einem neuen Bewusstsein (zumindest an vielen Stellen) mein neues Leben lebe, verwundert mich jedoch täglich die Kultur der Verrohung, die uns umgibt. Aktuell scheint es keinen

Weg eines normalen Austauschs zu geben. Die „das wird man ja wohl noch sagen dürfen"-Kultur trifft auf permanente Ablehnung und beinahe Zensur. Öffentlich wird gemobbt, diskreditiert und vernichtet, was das Zeug hält. Es wird nach lauten Stimmen, starken Positionen und einer Offenheit gebrüllt, aber niemand will die Wahrheit anerkennen. Schon gar nicht die Wirklichkeit der Mitbürger, die weit von meiner eigenen auseinanderklaffen kann. **Eine Kultur der Meinungsäußerung trifft auf Beschnitt, Egoismus und an vielen Stellen einfach Blödheit.** Verblassende Werte und fehlende Positionierung sind dann das wenig rühmliche Sahnehäubchen, das dem öffentlichen Nonsens den Rest gibt.

Vergessen wir im Zirkus der Pseudo-Offenheit plötzlich alle unsere Werte? Was geben wir unseren Kindern noch alles mit als Teil von Erziehung und Kultur? Es mag sein, dass ich dem Leben mittlerweile anders ins Auge sehe und andere Werkzeuge des Lebens bediene. Meine Güte, an mir ist echt ein halber Freizeit-Philosoph verlorengegangen. So wie die Offenheit in uns entsteht und dann aus uns in die Welt hinausgeht, kommt doch auch der Wille zum Leben niemals von außen. Die Liebesaffäre mit uns beginnt, wenn wir die Quelle in uns entdecken und offen sind für alles, was uns Freude macht. Nach dieser Erkenntnis will man nie mehr auch nur einen Tag verpassen. Keine Chance bleibt mit diesem Verständnis ungenutzt!

„How we think and feel creates our state of being"

Mein Ratschlag an dieser Stelle: Werde Dir darüber klar, welche Konsequenzen die neue Offenheit mitbringt. Bist Du zum aktuellen Zeitpunkt schon dazu in der Lage, Deine Position in Offenheit zu vertreten oder knickst Du vom Gemüt her bei kleinstem Gegenwind wie ein Grashalm um? Was gewinnst Du?

"Be the char
to see in

ge you want
ne world."

Buddha

In unseren Wohnungen haben wir alle unzählbare Dinge, die wir nicht mehr benutzen. Wie selbstverständlich rufen wir von Zeit zu Zeit den Sperrmüll und entsorgen den alten Ballast. Oder Säcke voller Altkleider – die Wegwerfgesellschaft brummt. **Geht es uns aber ans emotionale Leder, ist die neue Offenheit häufig ein Fremdwort.** Na, habe ich Dich gerade erwischt? Wir versperren uns und lassen nichts an uns heran, was unser neues Ich brauchen könnte.

Notiz an mich:

Es ist okay, wenn ich Unsicherheiten und Phasen der Verstimmung durchlebe. Meinem Umfeld darf ich alles mitteilen, was mein Herz bewegt.

Sei Dir darüber im Klaren, dass mit Deiner neuen Art zu leben und Deinen Interessen

Menschen gehen
Platz für Dich und Deine Träume entsteht
Du unter Umständen als unbequem gelten wirst

Was gewinnst Du, wenn Du aufgeschlossen durchs Leben gehst?

#2 Die Opferrolle steht mir nicht!

Opfermodus? Unser Gehirn ist manchmal ein Arsch und ich darf das mit zwei Hirntumoren frei Schnauze sagen. Gucke nicht so! Ohne Humor geht es einfach nicht. Das Kostümchen der Opferrolle ist ein Phänomen, das auf unserer Welt an allen Ecken und Enden verbreitet ist. Was es natürlich nicht ansehnlicher, schöner oder tragbarer macht. Die Rolle des Opfers ist hauteng, nimmt allen den Atem. Keiner kann sich in ihr bewegen oder entfalten, und dennoch ist sie irgendwie das beliebteste Kleidungsstück. Und es sieht ziemlich beschissen aus.

Seit nun mehr als zwei Jahren ist das globale Geschehen ein Musterbeispiel dafür, wie Menschen automatisch in die vorgeschriebene Position der Unterlegenheit gehen. Stellenweise sieht es sogar aus, als würden sie es genießen. Ich möchte an dieser Stelle gar nicht zu politisch werden – ihr versteht ja eh, was ich meine. Mir geht es um die grundlegende Haltung im Leben, die wir einnehmen. Natürlich werden uns Dinge vorgelebt und Gewohnheiten über die Generationen weitergereicht. Dazu zählen ebenso der Umgang mit Konflikten, Bereitschaft zum Wachstum, Umgang mit Geld, innere Stärke – alleine die Liste kann ganze Bücher füllen. Meine Erwartung ist nicht, dass jeder über Nacht die Traumata der Ahnen ablegt. Um Himmels Willen – das bekomme ich ja selbst nicht hin. Sich selbst jedoch jeden Tag etwas mehr kennenzulernen und herauszufinden, warum tue ich in welchem Moment was? Oder warum reagiere ich auf manche Themen gereizt etc., das bringt uns doch ein ganzes Stück weiter. Weg von diesem Opferding mit gesenktem Kopf und ohne eigenen Willen. Wann wir genau verlernt haben, Farbe für uns und unsere Bedürfnisse zu bekennen, weiß ich nicht. Klar ist mir nur, dass es endlich einen Kurswechsel braucht, wenn wir glücklich sein wollen.

Mein Leben lang habe ich mich verweigert, mich als Opfer zu sehen oder – noch schlimmer – so zu empfinden. Es ist nun Fakt, dass manche Umstände Herausforderungen mitbringen. Opferbewusstsein ist, wenn wir außen etwas bemächtigen, darüber zu bestimmen, wie wir denken oder fühlen. Mut ist, es anders zu machen oder einen anderen Blick zu besitzen. Beschweren wir uns und/oder schieben jemand anderes zu, dass wir uns schlecht fühlen, erlauben wir einem externen Faktor, darüber zu bestimmen und zu kontrollieren, was wir denken und fühlen – obwohl es in dem Moment ja nicht die Wahrheit ist. An dieser Stelle gilt es erstmal, selbst zu reflektieren. **Welchen Nutzen ziehe ich aus meiner Opferrolle? Dient sie mir? Bekomme ich Aufmerksamkeit? Ist es einfach Gewohnheit?**

Je stärker unsere Emotionen bezüglich der Umstände sind, desto mehr Aufmerksamkeit schenken wir ihnen: Wo unsere Aufmerksamkeit hingeht, ist der Ort unserer Energie. Warum geben wir mit der Bequemlichkeit der Opferrolle freiwillig Lebenskraft und Power weg?

Zustände wie Pandemie oder individuelle Diagnosen sind große Chancen zur Innenkehr und Innenschau. Zwar ein neuartiger Kokon und drastischer Einschnitt, der einen Umdenkprozess mitbringt, aber hilfreich, wenn es darum geht, sich mal endlich neu aufzustellen, zu reflektieren und sich seiner Macken in der Position des angeblichen Opfers mal zu allen Seiten umzusehen. Um die Haltung des Opfers abzulehnen, brauchte ich keinen Krebs. Mit dem Kopf durch die Wand zu wollen und mich äußeren Umständen nicht unterzuordnen, war mein Leben lang Teil meines Ichs. Entschieden habe ich immer noch selbst! Und da kommen wir auch zu einem sehr interessanten und erschreckenden Aspekt unserer Gesellschaft. Keine Angst, ich gebe jetzt nicht den Hobbypsychologen. Es gibt einfach Dinge, deren Logik jedem ins Gesicht springen, es sei denn, man will einfach verblendet sein!

Wir alle leben in einer Flut von Informationen, bei der es zu filtern gilt, womit wir uns umgeben wollen. Sich in einem Informationszeitalter der Quelle an Infos und Aufklärung zu verschließen, ist ein ganz bewusstes Ding und keine kleine Schusseligkeit. Auch was Krankheiten und Wege der Heilung angeht. Es gilt immer zu entscheiden und abzuwägen, ob uns Infos dienlich sind. Was ebenso für Menschen gilt. Unabdingbar ist ein gesundes Reflexionsvermögen, um Entscheidungen zu treffen. Das große Erwachen ist, abgesehen von meinem Einzelschicksal, wohl für Menschen mehr als je zuvor die zentrale Herausforderung unserer Zeit. Jeder von uns hat legitime Gründe dafür, sich in unterschiedlichsten Situationen auch eigen zu zeigen. Der eine mag labiler sein als der nächste. Und dennoch sind das keine plausiblen Gründe, sich passiv dem Leben gegenüber zu verhalten oder sich selbst leid zu tun. In den vergangenen Jahren haben mich Panikmache und die Reaktion der Menschen darauf richtig getriggert, sodass ich mir mal etwas aus der Hirnforschung zu Gemüte geführt habe. Also Vorträge und Bücher über meine OP-Berichte hinaus.

Haben wir Gedanken, sind diese ein chemikalischer Akt, der sich auf den Körper auswirkt. Hast Du unbegrenzte Gedanken oder Gedanken der Grenzenlosigkeit, bist Du grenzenlos. Ganz einfach. **Lebst Du Gedanken des Selbstwerts und der Wertschätzung, fühlst Du Dich gesund.** Einfache Faustregeln, die den Gesetzen der Biochemie nach niemand von der Hand weisen kann. Kein Eso-Geschwurbel, einfach neuronale Fakten. Denken wir, starten augenblicklich hormonelle Produktionen im Hirn. Schwächende oder limitierende Gedanken beginnen sich umgehend schwächend auf unseren Körper auszuwirken, so wie sich im Gegenzug schöne Gedanken zu den wundervollsten körperlichen Gefühlen entfalten können. Das führt dazu, dass durch unsere Gedanken kreierte Gefühle ein Signalsystem für unseren Körper sind. Somit gestaltet unsere Art zu denken und zu fühlen unser Sein. Durch Stresshormone erzeugte Gedanken (auch Überlebensmodus genannt) bedienen unsere genetischen Knöpfe und kreieren Krankheiten. **Viele Menschen wachen morgens auf und spielen wie beim Russisch Roulette zuerst die Probleme durch.** Diese Probleme sind Erinnerungen unseres Gehirns. An Orte, Menschen, Ereignisse. Was ist die Folge? Ein automatisches Verharren in der Vergangenheit, da jedes dieser Probleme eine emotionale Verknüpfung hat. Erinnern wir diese Gefühle auf Basis des Vergangenen, fühlen wir uns permanent im Jetzt unglücklich. Der Körper ist objektiv. Eigentlich eine schöne Sache und wunderbare Ausgangslage. Er versteht den Unterschied zwischen Real-life-Erfahrung und aufgrund von Gedanken kreierter Gefühle nicht. Es geht natürlich nicht darum, die Realität zu leugnen. Ist etwas beschissen, darf man sich natürlich dem Gefühl auch hingeben und alles durchleben. Macht man dies jedoch täglich und das als erste Amtshandlung, ist es irgendwann ein zutiefst destruktiver und bewusster Prozess. Was dabei beschissener ist, kann ich für mich klar beantworten. Das selbstgewählte Unglück ist für mich ein No-Go. Ich habe eine Verantwortung mir selbst gegenüber und vor allem die Fähigkeit, mich am eigenen Schopf zu packen und mein Leben auf Positives auszurichten.

Was viele nicht wissen, ist, dass eine dauerhafte Bearbeitung unseres Körpers durch unsere Gedanken langfristige Folgen hat. Wie ne Schachtel Kippen pro Tag. Diese Runterregulierung der Gene und Informationen ist ein Teufelskreis, bei dem schnell eine Art Breakdown beginnt. Ein unbewusster Prozess, der ebenso wie ein schleichender Tumor entstehen kann.

"Zusammenkkommen
ist ein Beginn,
zusammenbleiben
ein Fortschritt,
zusammenarbeiten
führt zum Erfolg."

Henry Ford

Checkt unser Körper die Signale des Gehirns – die Gefühle des Leids – tendieren wir dazu, noch mehr limitierende Gedanken zu kreieren. Eine Schleife aus Denken und Fühlen.

Unser Gehirn ist wie ein Muskel, den wir zu einer Routine trainieren können. Menschen mit der immer gleichen Routine sind auf Autopilot geschaltet und ihr Körper drängt sie in eine Zukunft, die der Erfahrung der Vergangenheit gleicht. Wenig zufriedenstellend, wenn ihr mich fragt. Wo bleibt denn da das Potenzial für mehr? Das Mehr an Freude, Erneuerung, Liebe, Energie und Abenteuer? Weil unser Hirn spinnt und wir zu faul sind, stehen wir also neben uns. Dieser Verlust des freien Willens ist, wie oben geschildert, ein gängiges Ding unseres Gehirns und somit auch unseres Ichs. Da wir, wenn wir uns nicht „umerziehen", zwischen Alt und dem Neuen auf Basis des Alten schwanken, ist doch die einzige Chance zur wahrhaften Veränderung das Jetzt! **Kein Vielleicht oder irgendwann, denn dafür ist das Leben zu kurz.** Im Unbekannten herrscht das Potenzial zum Neubeginn. Zugegeben, das ist keine neue Erkenntnis. Großartige Coaches wie Joe Dispenza und Eckart Tolle, die ich sehr bewundere, stellen dies seit Jahrzehnten in den Mittelpunkt ihrer Arbeit. Ich durfte von ihnen lernen, dass der zentrale Moment jener im Jetzt ist, an dem Körper und Geist frei von alten Konditionierungen sind. Ist das nicht herrlich, wenn man dies einmal begriffen hat?

Unfreiheit des Geistes in der Opferrolle führt zu

Ungeduld
Wertungen
Angst
Depression
Burnout
körperlichen Krankheiten

Ist der Körper in permanenter Alarmfunktion erschöpft, ausgebeutet und abgebaut, gehen wir an unsere Ressourcen, ohne dass es nötig oder begründet wäre. Total unlogisch. Aber warum machen wir diese Sachen? Stresshormone sind auch eine Quelle der Energie, auch wenn es pervers klingt. Für viele sind die Stresshormone der Antrieb, dass sie ihre alten Glaubenssätze immer wieder neu rekonditionieren und in einer Abwärtsspirale verharren. Würde ich ebenfalls so leben, wäre ich vor Jahren gestorben. Vorher hätte ich in einer Abhängigkeit gehangen, die wir Menschen nicht einmal mögen. Perversion pur und dennoch gängige Praxis im Alltag von Millionen. Darin begründet sich auch, dass Veränderung so hart ist. Lieber leiden und vom Vielleicht träumen, anstatt einfach mal zu machen.

Ist das wirklich so bequem?

Wir können uns Auszeiten aus den gewohnten Abläufen und Mechanismen nehmen – so weit reicht das bisschen Abenteuerlust dann doch noch. Nicht mehr lästern, vorverurteilen, jammern, diszipliniert sein. Einige Stunden lang geht das spielend gut und dann meldet sich der Körper, der sich aus dem Takt des konditionierten Ablaufs fühlt. Immerhin war er Jahrzehnte über darauf getrimmt, der emotionale Kopf des Körpers zu sein und strebt danach, erneut altes Terrain zu betreten.

Die Folge: **Der Körper beeinflusst den Geist, alles ist wie immer, zurück zu**

Verurteilung
Beschwerde
sich aufregen
alle anderen sind schuld
jammern
im Außen leben

Weigern wir uns weiterhin dagegen zu

akzeptieren
glauben
umorientieren
verstehen
umsetzen

ohne es zu analysieren, beginnt die automatische Programmierung des Systems von vorne. Dies ist der Moment, in dem wir die alten Entscheidungen erneut leben. Die Folge: Gleiche Erfahrungen, nur um die gleichen unliebsamen Gefühle zu erzeugen. Lieber unglücklich sein, anstatt einfach mal das Ungewisse auszuprobieren. In meinem Fall wären dies Zusammenbrüche, erneut Krebs und Operationen. Will ich das? Natürlich nicht!

Die Ausreden im Opfermodus sind beinahe schon unterhaltsam:

Ich werde das nie erreichen.

Es ist ihre Schuld.

Das geht nicht.

Ich werde niemals gesund.

Das passiert immer nur mir.

Bei mir ist es schlimmer als bei anderen.

Alle diese Glaubenssätze haben spürbare Konsequenzen für unseren Körper. Begreifen wir diese unbewussten Abläufe, lernen wir automatisch, bewusst zu leben und wählen unsere Sprache im besten Fall bewusst. Das ist dann der erste Schritt zu Gesundheit und Veränderung. Sind wir umgeben von unserer gewohnten Umgebung, Familie, von Freunden, Instagram, Medienflut, liegen die Herausforderungen natürlich in diesen externen Stimulationen. Autopilot – Telefon täglich, Alkohol, Gedanken pflegen. Dies ist kein Appell, dass ihr alle sofort Eure Freunde und den Lebenspartner an die frische Luft setzten sollt. Einen Anreiz, abzuwägen und zu durchdenken, wer oder was euch guttut, soll es jedoch schon sein, denn den Kraftgewinn suchen wir aus Gewohnheit sehr oft genau dort, wo uns eigentlich in Dauerschleife die Akkus geraubt werden. Die Botschaft ist es nicht, sich selbst zu bescheißen und einfach positiv zu denken. Es geht um das „Overcoming" und jemand Neues zu werden, der die Konsequenzen für sein Leben zieht und sich auf Gutes ausrichtet. Theatralisch formuliert geht es darum, den Fluss der Veränderung zu überkommen, und schon wird der Prozess, Neues zu schaffen, sogar aufregend und schön. Meiner Meinung nach sollte die neue Ausrichtung in uns allen die lauteste Stimme werden. Was folgt, ist ein Leben mit bewussten Entscheidungen. Was mir gut tut und was ich will, ist das Ergebnis: Wir warten nicht auf die Heilung, bis wir Dankbarkeit empfinden. Verweilen wir zum Beispiel in ewiger Krankheit, leben wir in Abspaltung. **Warte ich auf Gesundheit, verharre ich exakt in diesem Zustand der Warteschleife.** Macher des eigenen Lebens zu sein, scheint kompliziert, dennoch ist es leichter, als ein Opfer zu sein.

Was bedeutet das auf meine Vita bezogen? Ich lehrte meinen Körper, immer gesund zu sein, noch ehe das biologisch-medizinisch der Fall war. Ich war niemals ein Opfer! Ein großer Wendepunkt meines Lebens! Ich habe aufgehört, nach der großen Veränderung außen zu suchen, da ich sie in mir selbst finde. Die Warteschleife ist kein Ort neuer Kreation. Als mir das bewusst wurde, habe ich auch mit zwei Krebsdiagnosen und einem medizinischen KO-Schlag mein Leben in die Hand genommen. Die Rolle des Opfers ist häufig ein uraltes Muster, das sogar innerhalb der Familien praktiziert und „vererbt“ wird.

Welche Punkte aus dem Verhalten des Opfers oder der schlechten gedanklichen Angewohnheiten haben Dich eben angesprochen? Welche Schilderung hat etwas in Dir ausgelöst?

Notiz an mich:

Wenn ich Hilfe brauche, frage ich aus voller Überzeugung danach, denn das ist ein Zeichen von Stärke. Ich bin Herr meines Willens!

An dieser Stelle möchte ich Dich darum bitten, ganz ehrlich zu Dir selbst zu sein! Überlege, an welcher Stelle Du die Opferrolle praktizierst.

Gehe in Dich:

3 Ein regelmäßiges Date mit mir selbst

Leadership leben, ohne Masterplan glücklich werden, die magischen Kräfte in uns allen: Ich könnte Euch allen und mir selbst etwas vom Pferd erzählen. Mache ich aber nicht. Eine Anleitung für ein erfolgreiches Leben klingt immer so einfach, aber wenn ich mir überlege, was es alles zur Umsetzung braucht? Alleine bei dem Gedanken an diese systematische Aufstellung würde ich mich gerne mit einem Glas Gin auf die Couch legen und nichts tun. Alles, was wir wissen müssen, um glücklich zu sein und uns besser zu verstehen, liegt wahrscheinlich in unseren Emotionen. Welche Auswirkungen diese auf unseren Körper haben, habe ich unter #2 erläutert. Ein reines Buch über Leadership ist null mein Ding, aber das Thema reizt mich doch irgendwie. Zwar nicht als Forscher oder Dozent, aber als Mann, der sich selbst im Leben führt.

Sollte Leadership nicht genau da anfangen? Wenn ich mich selbst nicht im Griff habe, kann ich wohl kaum eine Familie beschützen, ein guter Freund sein oder ein Team leiten. Du bekommst an vielen Stellen in Unternehmen Leute vor die Nase gestellt, oder besser noch: wird man ihnen selbst als der neue Teamleiter präsentiert. Die Erwartungshaltungen sind groß und nach wenigen Tagen folgt dann die Ernüchterung, weil es mit dem Neuen genauso kacke wie vorher ist. Aber warum ist das so? Es muss einen Grund haben, warum so viele mit sich selbst kämpfen und dementsprechend auch mit ihren Teams: Wir haben alle nicht gelernt, uns selbst zu verstehen. Und sich selbst zu mögen, ist dann erst recht ein Skandal. Wie kann der Kerl nun selbstbewusst sein? Sprich sich seiner selbst bewusst sein?

Statt sich über die Entwicklung und die bewusste Entscheidung für sich selbst bei anderen zu freuen, wird dann das Neid-Ding praktiziert. Ist halt leichter, wenn man es selbst nicht kann. Aber das wäre Inhalt eines anderen Kapitels, der Umgang mit anderen als Spiegel seines Inneren.

Dem mangelnden Verständnis für sich selbst folgt als Rattenschwanz, keinerlei Gefühl für sich selbst und seine Träume zu haben. Wie eine Zwangsneurose. Kein Bezug zu unseren Emotionen und absolute Planlosigkeit beim Faktor Mensch. Ganz großes Kino. **In meinem Leben habe ich vermeintlich sichere Jobs aufgegeben, habe die Chemo abgelehnt und andere mit meinen Entscheidungen überrascht.** Damit möchte ich mich nicht rühmen. Es geht mir vielmehr um die Erkenntnis, dass dies im Rückblick immer ein Ausdruck meiner Selbstführung war. Vielleicht war ich nicht immer bis in die kleinste Ecke konsequent, jedoch war ich mir meiner Handlungen immer bewusst, selbst wenn sie doof waren (sind). Und dies ist schon mal der erste Schritt, Leader seines Lebens zu werden. **Ich habe Verantwortung für mich in Situationen übernommen und auf meine innere Stimme gehört, als mein Leben am seidenen Faden hing.**

Ein moderner Leader kennt seine Werte und lebt doch recht strikt nach ihnen, da er das Potential des Glücks darin erkennt. Für ihn ist ein funktionierendes Wertesystem grundlegend wichtig und er ist fein damit, dass auch Menschen aus dem Leben fliegen, die mit den Werten nichts anfangen können. Ein Leader erkennt Leistungen an und er honoriert Erfolg. Er weiß, wie viele innere Hürden es zu meistern gilt, sodass er sich mit anderen mitfreut und sie zu ihrem Weiterkommen ermutigt.

„Leadership bedeutet doch sicherlich, alles sklavisch zu planen.“ Nein, warum sollte es? Sich seiner Wünsche, Ziele und vor allem

Kompetenzen bewusst zu sein, ist Ausdruck gesunder Selbstführung. Darin begründet sich, dass man loslassen kann, weil man nicht aus Panik vor dem Scheitern rumirrt oder Angst davor hat, Entscheidungen zu treffen. Im besten Fall kennt man die von John Strelecky in den Big five for Life genannten Zweck der Existenz (ZDE) und seine wesentlichen fünf großen Ziele im Leben. Dann führt man sich selbst, ist zielbewusst und ein fokussierter Visionär, der es liebt, ein erfolgreicher Mensch zu sein. Wobei ich Erfolg an dieser Stelle nicht monetär meine. Wenn Du weißt, was Dich glücklich macht, bist Du erfolgreich. Kennst Du Deine Aufgabe hier auf Erden, bist Du erfolgreich. Wir können gar nicht anders, da wir Menschen so gepolt sind. Haben wir unser Warum im Leben gefunden, geht von uns eine unfassbare Strahlkraft aus, von der alle anderen profitieren. Wer ist nicht beflügelt, wenn er gutgelaunte und inspirierende Menschen sieht?

Mich als Leader meines Lebens zu empfinden, hat lange Jahre gedauert. Wie sollte denn ausgerechnet ich eine Inspiration für andere sein, so wie ich bin, mit meinem Wirken und Auftreten? **Heute weiß ich, ich bin gut genug. So wie ich bin. Einfach ich.** Diese neue Achtsamkeit mir gegenüber hat dafür gesorgt, dass Menschen aus meinem Leben geschieden sind. Da ich mich mit (oder trotz) Diagnosen der speziellen Art zum Leben leiten wollte, musste ich lernen, konsequent zu sein. Da trennen sich Lebenswege und eine für andere ungewohnte Form des Egoismus tritt auf. Für andere mag es egoistisch sein, für mich selbst ist es heilsam und gesund, mich mit den Leuten zu umgeben, die mich unterstützen. Und nein, das ist natürlich keine Einbahnstraße. Mein neues Leben mit Selbstliebe ist gezeichnet davon, dass ich ebenso für andere da bin. Ich führe ein Leben, von dem ich keinen Urlaub brauche.

Die Selbstbestimmung im Leben eines Leaders ist keinesfalls

frei von Regeln. Ganz im Gegenteil. Ganz oben steht es für mich, anderen gut zu tun und mit anderen tolle Visionen zu kreieren, die mit meinen neudeutsch matchen. Dieses Bewusstsein dafür, dass mir mein Leben guttut, ist ein Kümmern um das eigene Glück. Klar sind auch mal äußere Bedingungen vorhanden, die mir nicht gefallen. Jedoch sind es zum Beispiel acht Stunden der Arbeit, die uns vielleicht missfallen. Es bleiben fucking geile 16 Stunden übrig, wenn mir mein Job einmal nicht gefällt, in denen ich das geilste Leben leben kann. Ich sitze ja auch nicht jammernd daheim und warte auf den Besuch, den ich nicht eingeladen habe. Habe ich einige Stunden erlebt, die mir nicht gefallen habe, kümmere ich mich danach eindeutig noch mehr um mich, damit das Glückspunktekonto wieder ausgeglichen ist. Ein regelmäßiges Date mit mir selbst ist der Schlüssel. Das kann natürlich alles Mögliche beinhalten – alles, was Dein und mein Herz halt glücklich macht!

Zeit zu zweit oder alleine
Sport
eine durchsoffene Nacht
Meditation
eine Begegnung von Herz zu Herz
ein tolles Gespräch
ein gutes Essen
herzhaft lachen
ein heißes Bad

Der Leader ist auch mal schwach, sagt ganz entschieden nein und bittet um Hilfe. Mit Unterstützung meine ich hier keine kleinen Handlangerdienste, sondern aufgefangen werden, wenn es mal richtig mies läuft. Das erfordert, dass ich emotional die Hosen runterlasse und zu meinen Gemütszuständen stehe. Ohne Umschweife auch einfach mal ein Jammerlappen sein, der sich ausheulen will und sich danach wieder berappelt.

"Du wirst nie lernen zu surfen, wenn Du nicht ins Wasser gehst."

John Strelecky

Der gesunde Leader empfindet das Eingeständnis von Schwäche gar nicht als Manko. Seine eigenen Schwächen zu kennen und zu achten, ist mit eines der größten Zeichen von Stärke und Charakter. Dies gilt natürlich auch für die Schwächen. Nur wer seine Kompetenzen gegen seine Schwachstellen abgleichen kann, ist ein Leader seines Lebens. Und ja, sich selbst zu überschätzen gehört zu diesem Konzept der Reflexion genauso dazu, und ja, ich bin schon unzählige Male im Leben auch über das Ziel hinausgeschossen. Hat es geschadet? Auf gar keinen Fall.

Bist Du schon mal an jemanden geraten, der auf seinem Wissen sitzt, als würde er ein Ei ausbrüten? Ein gesunder Leader gibt seine Erfahrung an andere weiter, ohne zu missionieren. Er teilt sein Wissen und ist frei von jeglicher Angst, kopiert werden zu können. Es soll erst einmal jemand schaffen, so durchgeknallt wie ich zu sein und dabei dann auch noch glaubwürdig. Der Leader lebt immer in dem Bewusstsein, ein absolutes Unikat zu sein. Ein Leader mit der Energie regelmäßiger Dates mit sich selbst ist gerne für andere da und befähigt andere in ihrem Wachstum. Jeder von Euch kennt doch sicherlich jene Kollegen, die durch die Firma irren, als arbeiteten sie einen Schlachtplan zur Übernahme der Firma aus, obwohl sie eher ständig über die eigenen Schnürsenkel stolpern. Dem gegenüber steht der absolut hochtrabende Pseudo-Leader, der nicht einmal den Locher teilt. Diese armen Figuren sind so in sich gefangen und begleitet von Ängsten, dass es einfach nur nervtötend ist. Mit erlangtem Wissen zu mauern ist so sinnvoll wie der Versuch, Wackelpudding an die Wand zu nageln. Wenn wir unsere Erfahrungen teilen, ohne sie anderen aufzudrängen, bringen wir unsere Gesellschaft ein ganzes Stück voran und helfen anderen, ebenfalls zu wachsen. Ist die Vorstellung nicht der Hammer, nur noch von starken Persönlichkeiten umgeben zu sein? Lebst Du mangelgetrieben, ist dies genau Deine Erfahrung in der Realität, denn Angst führt zum Scheitern. Dates mit mir selbst haben mich von genau diesen

Macken weggeführt – hin zu Tagen, an denen ich Visionen und Momente schaffe, die nach meinem Ableben ein Museum ausstatten könnten. Museumstage, wie John Strelecky es nennt.

Leader sein bedeutet **für mich**

mit gutem Vorbild vorangehen
zu sich selbst so sein, wie man von anderen behandelt werden will und es selbst vorleben
sich seiner Pläne, Werte und Ideale bewusst zu sein
den Mut zu haben, nein zu sagen
anderen beim Wachstum zu helfen
Grenzen respektieren und eigene setzen
Gefühle zu achten
auf seine Gedanken zu achten
sich um sich selbst zu kümmern
sich selbst zu lieben
sich selbst zu daten
sich selbst zu reflektieren
mit sich selbst immer häufiger auf Wolke 7 zu sein
sich selbst genug sein

Notiz an mich:

Leader zu sein, heißt auch, loslassen, zurücklehnen und die Dinge einfach laufen lassen können. Ich muss nicht immer alles an mich reißen und alles alleine regeln!

Entscheide Dich heute, Qualitytime und Dates mit Dir selbst zu leben. Richte den Fokus nach innen auf alles das, was Dein Herz begehrt. Was sind Deine Wünsche, Träume und Visionen, die Du noch nicht zu leben bereit warst? Sieh auf den Wandel und den inneren Schweinehund – was macht Dir mehr Freude?

Schreibe alles auf, was Du erreichen möchtest!

#4 Warum Loslassen keine Planlosigkeit ist

Wie viel Diskussionskultur müssen wir hinnehmen und was ist eigentlich ein ganz normaler Ablauf in Gesprächen? Ein Leben lang wollte ich am liebsten immer und ständig die Kontrolle haben. Über den Gesprächsverlauf und sogar Lebensansichten. Naturell Sturkopf scheint mein Sternzeichen zu sein – bis zu dem Moment, als die Ruhe in mir selbst Einzug gehalten hat. Heute verstehe ich es, die Energie zu bündeln und meine Ansichten ohne Überzeugungsarbeit zu vertreten. Wer nicht begreifen will, lässt es halt. Mir doch egal! „Das ist nicht meine Methode.“

„Aber so geht das doch ab jetzt nicht mehr. Immerhin bist Du krank.“

„Vergiss es, in Schubladen passe ich nicht und alles sklavisch verplanen nimmt mir die Lebensfreude. Heute geht das alles sogar noch weniger als vorher.“

„Ich wundere mich eh, wie Du noch an Lebensfreude denken kannst.“

Da Backpfeifen nicht zum gesellschaftlich guten Ton gehören, drehe ich mich einfach um und gehe in solchen Momenten. Seit ich meinen inneren Raum zu meinem besonderen Ort des Wohlfühlens mache, kann ich über solche kleinen Auseinandersetzungen nur noch lachen. Mir ist klargeworden, dass in mir ein kleines Universum steckt, das niemand von außen bezwingen, biegen oder manipulieren kann. Meistens zumindest nicht.

Unzählige Stunden der Gefühlsstürme habe ich hinter mir, da brauche ich garantiert keinen erhobenen Zeigefinger von Fremden. Wir Menschen haben so oft Angst davor, loszulassen, weil das Unbekannte wartet. Paradox ist es doch, dass wir panisch werden, wenn es zum Beispiel um Liebe geht. Die wahre Tiefe in uns und unserem Partner macht uns doch unsicher, nicht ein möglicher Korb. Den haben wir alle schon erlebt und sind zum nächsten Ufer geschwommen. Schiss macht uns dieser Gedanke, dass wir uns in den schönsten Gefühlen verlieren könnten. Wir Menschen sind echt bescheuert. Auch ich zähle mich dazu.

Tief in uns, in einem Ursprungsareal, steckt eine Art Urzeitrechner, der auf Schutz getrimmt ist. Er ist es auch, der vor dem Unbekannten warnt und nach Kontrolle schreit. Planvoll leben ist das eine Ding, alles zu kontrollieren eine ganz andere Nummer. Das habe ich so hart am eigenen Leib erfahren, wie es nur möglich war. Plötzlich war nichts mehr unter Kontrolle und ich durfte lernen, wie man loslässt. Ein großes Problem ist, dass die meisten Menschen ihre Entscheidungen auf Basis von Erfahrungen treffen, die mal irgendwann ganz kurzfristig für Befriedigung gesorgt oder Schmerz vermieden haben. Während Glücksgefühle sich aufbauen und eine Weile brauchen, sind Leid und Schmerz auf der Stelle spürbar. Ein scheiß Prinzip, aber ist nun mal so. Meine ganz besondere Reise ist von einer Kontrolle und Disziplin sich selbst gegenüber geprägt – als Sportler liebe ich es, den Überblick zu haben und exakt zu wissen, was ich mit meinen Übungen und der Ernährung bewirke. In anderen Bereichen meines Lebens steht dem ein eher maßloses Leben gegenüber, das sehr auf spontanen Impulsen und Lustempfinden basiert. Alles in allem l(i)ebe ich Ordnung, doch keinen exakt durchstrukturierten Tag.

Mega bequem ist es, sich an alte Glaubensätzen und das dazugehörige Verhalten zu klammern. Viele sind derart unfrei, was mir

"Wenn Du ein Problem hast, versuche es zu lösen. Kannst Du es nicht lösen, dann mache kein Problem draus."

Buddha

vor allem bei Mitpatienten kurz vor deren Tod aufgefallen ist. Jetzt frage ich mich, was will man denn kurz vor dem Exitus noch kontrollieren? Und warum zum Teufel? Wie wäre es mit fühlen, genießen, lieben, lachen, loslassen? Warum nicht auf den Putz hauen und sich selbst treu bleiben, wenn es die Kraft noch erlaubt? Loslassen und alles fließen lassen fällt mir zwar manchmal selbst auf die Füße, ist jedoch die viel geilere Variante im Leben. Und nein, ich habe nicht die eine Wahrheit gepachtet und erhebe keinen Anspruch darauf, dass das alles hier auch auf jeden von Euch zutrifft. Seit ich viele Bereiche meines Lebens in den Fluss gebe, erlebe ich viel mehr Entspannung. Ich habe tief innen für mich an einem Weg und einer Art festgehalten, die ungewöhnlich sein mögen – unkonventionelle Lösungen zu suchen und nicht mit der Masse zu gehen, hat mich mein Leben lang viel mehr angespornt. Wann immer ich loslasse, wartet danach noch mehr Vertrauen auf mich – ein richtig cooler Lohn für die emotionalen Mühen.

Loslassen war ein Prozess der Selbstfindung. Des neuen Bewusstseins. Sich oder mir meines Selbst bewusst sein. Sich der Kenntnisse seines Selbst klar zu werden, bedeutet, eine neue Wertigkeit in sich selbst zu entdecken und zu empfinden. Das kann keine noch so schöne Hülle. Und ein schmutziges Herz kann es ebenso wenig. Neue Erkenntnisse halten Einzug und alte, vergrabene tauchen nach Jahren wieder auf. Und nein, ich bin nicht unter die Freizeitphilosophen gegangen. Dies ist eine Seite an mir, die viele von Euch noch nicht kennen und die doch ganz tief in mir schlummert. Das alles hier dient auch dazu, dass ich Euch einen anderen Thorsten zeige. Seit ich also loslasse (Umstände, Menschen, Projekte etc.), treffe ich Entscheidungen. Ich entscheide mich beim Verabschieden von Anhaftungen für mich. Los lasse ich Dramen, Erwartungen, alte Dogmen und jede Menge Unsinn, der mir eh nichts bringt. Seit ich gelernt habe, loszulassen, fallen mir neue Dinge viel leichter zu, wenn auch nicht alles. Ich will jetzt nichts künstlich romantisieren. Was mich mit am meisten begeistert, ist, dass vor allem neue Menschen mit ähnlichen Werten auftauchen und meinem Leben zusätzlich mehr Tiefe verleihen.

Plane nicht, lebe? Die Reaktionen der Außenwelt können Dir vollkommen egal sein. Was auch immer Du tun willst: TU es!

Natürlich ist es manchmal stressig, mit anderen zu leben, und uns nervt die Tatsache, dass sie atmen. Das alles ist kein Grund, nur einen Abklatsch von dem zu leben, was eigentlich Dein Herz sagt. Gehe mit Haltung durchs Leben und sei es Dir wert, das zu tun, was Du in Deiner Freiheit erleben willst. Unkonventionelle Wege zu gehen bedeutet auch, den Ärzten mal zu widersprechen. Mir ist heute klar, dass das Leben in der Opferrolle stressiger ist, als in sich hineinzuhören und sich als Zeichen gesunder Selbstführung auch mal Gedanken zu machen.

Notiz an mich:

Ich darf eine gute Ballance zwischen Kopf und Bauch ausleben! Wann immer sich mein Kopf einschaltet und zu dominant wird, erinnere ich mich selbst an mein wundervolles Bauchegfühl, das mir die Richtung aufzeigt!

Was bedeutet das für uns, zu planen oder loszulassen? Wann wird es Zeit, Stellung zu seinen Bedürfnissen zu beziehen?

Im Loslassen gefunden habe ich:

Abenteuer

Gelassenheit

Liebe

Freiheit

Selbstliebe

Herausforderung

Fokus

Emotionen

Klarheit

Inspiration

Ordnung

Respekt

Wachstum

Treue

Unverständnis

Humor

Freundschaft

Beharrlichkeit

Entdeckergeist

Ausstrahlung

Charme

Erfolg

Fairness

Lernen

Leidenschaft

Gemütlichkeit

Glaubwürdigkeit

Starrsinn

Optimismus

Streitkultur

Spontanität

Ruhe

Akzeptanz

Entspannung

Freude

Neue Diskussionen

Vertrauen

Frieden

Spaß

Anerkennung

Kraft

Energie

Was glaubst Du, was im Loslassen alles auf Dich wartet?
An welches Thema musst Du spontan denken?
Was möchtest Du ablegen?

Liste 10 wichtige Punkte auf und was Du damit verbindest!

Loslassen	Verbindung
1	
2	
3	
4	
5	
6	
7	
8	
9	
10	

#5 Freiräume schaffen

Der Ehrliche ist der Dumme?! Wo die Wahrheit nicht gewünscht scheint, sind meistens unterdrückte Ängste und Emotionen mit im Spiel. Der Verstand ist abgeschaltet und prompt ist man seiner eigenen Freiräume beraubt. Jeder mag sie erfahren (und sogar kreieren), jedoch gelingt das natürlich nicht immer. Wie viel Freiheit benötigen wir, um ganz wir selbst zu bleiben oder zu werden? Können wir zum Beispiel nach Schockdiagnosen auf einmal alle Brücken hinter uns abreißen und neu beginnen? Menschen rauswerfen und alle Zelte abbrechen, ist manchmal nötig, wenn wir auf die innere Stimme achten. Doch trauen wir uns die Veränderung noch nicht direkt zu.

Mein Umfeld hat mir in den letzten Jahren deutlich zu verstehen gegeben, dass ich mich extrem verändert habe. Es ist die Rede von starker Reizbarkeit, stellenweise wenig Geduld und auch ein gewisser Egoismus soll bei mir mitschwingen. Wenn ich so genau darüber nachdenke, kann ich mir zum letzten Punkt wohl nur gratulieren. In diesem ganzen Einheitsbrei an Menschen ist es nur wünschenswert, wenn wir zu einem gesunden Egoismus finden. Zu jenem, von dem unsere Lieben profitieren, wenn wir glücklich und zufrieden sind, da wir unserem Inneren folgen. Kein Trott in der Herde, sondern die Individualität in uns lieben und ausleben. Das kann natürlich auch bedeuten, dass wir andere vor den Kopf stoßen, um unser Wohl auszuleben. Aber wenn wir es uns nicht wert sind, wer dann? Manchmal habe ich das Gefühl, dass in meinem Umfeld ein gesundes Bewusstsein für einen selbst aus Gewohnheit mit einem Nachteil für andere verbunden zu sein scheint. Das ist mir viel zu oberflächlich und zu kurz gedacht.

Meine Zündschnur ist an vielen Stellen vielleicht wirklich kürzer als früher, aber ich bin immer noch der fürsorgliche Kumpel von nebenan. Ungeduld ist mein Leben lang mein zweiter Name und ich lehne Ungerechtigkeiten noch mehr ab als vor den Diagnosen. Als Sturkopf bin ich immer schon aufrichtig durchs Leben gegangen – meine Werte wie Loyalität, Integrität und Verbundenheit waren dabei immer schon meine ganz persönlichen Freiräume. Natürlich bestehe ich genauso wie alle anderen Menschen in meiner Vielseitigkeit aus Widersprüchen und Gegensätzlichkeiten. Macht uns dies nicht auch aus? Ich liebe zum Beispiel Ordnung, mag es jedoch nicht, Ordnung zu schaffen. Ich liebe es energiesparend, wenn Dinge an ihrem Platz sind – so wie wahrscheinlich die meisten von uns ihren Platz im Leben haben wollen. Ich dachte lange Zeit, meinen Platz gefunden zu haben, und wurde in meiner Sicherheit erschüttert und einfach mal mit meinen Krebsdiagnosen mit vollem Tempo aus meiner Komfortzone geworfen. Wir richten uns so gerne bequem ein und vergessen dabei, dass Leben auch Bewegung, Entwicklung und zu reifen bedeutet. Stagnieren wir und werden faul, funkt uns die Realität dann eben dazwischen und sendet uns so manche Lernaufgabe. Anders kann ich mir mein Leben in den vergangenen sieben Jahren nicht mehr erklären. Wenn Dir Dein eigener Körper so an den Karren fährt, musst Du handeln und Verantwortung für Dich übernehmen. Dazu zählt es an erster Stelle, sich seiner bereits existierenden Freiräume und den noch zu schaffenden bewusst zu werden.

Oder Du stirbst halt. Wenn nicht direkt körperlich, dann zumindest seelisch und in kleinen Häppchen mental.

Ich bleibe seelenruhig, wenn Ärzte mit neuen Hiobsbotschaften auf mich warten, und raste aus, wenn ich im Schrank 30 Tupperdosen finde, 15 Deckel und nichts passt zueinander. Mein Rat: Bewahrt Euch diese Fähigkeit, auch bei banalen Kleinigkeiten fuchsteufelswild zu werden. Lasst Euch niemals zähmen und verbiegen. Behaltet, was Euch auch immer begleitet, den kleinen Zorn des Alltags bei. Klar gilt es, sich vorher Gedanken zu machen, bevor man etwas tut, jedoch sollte niemand die eigene Impulsivität jemals verlernen! Mit mehr Distanz ist die Fähigkeit zur Reflexion viel leichter – der Freiraum ist dann offensichtlich!

Wenn es um Freiheit geht, kann Alltägliches zum Problem werden, wenn die persönliche Verflechtung nicht gesund ist. Es liegt an mir selbst, was ich ausstrahle und ich wie auf dieser Basis dann Beziehungen und Dialoge gestalte. Natürlich klappert es auch in Familien und Partnerschaften bei oder sogar aufgrund von Krankheiten massiv. Eine Erschütterung und das damit verknüpfte neue Lebenskonzept betrifft ja alle. Wie oft erlebe ich, dass die Gesellschaft eine Art Bullerbü-Romantik erwartet. Im Traumratgeber „Wie überstehe ich eine Krankheit?“ trieft es vor Kitsch und alle haben sich lieb. Pustekuchen! Einer meiner persönlichen Freiräume beinhaltet, mir Offenheit einzugestehen, dass wir uns daheim auch mal tierisch auf den Sack gehen und Menschen bleiben. Egal, was passiert, sollte ein Empfänger versuchen, die Botschaft des Senders konstruktiv zu verarbeiten. Warum scheut diese Gesellschaft Kritik und Wahrheit so sehr? Alles wird als Angriff gewertet, was für mich ein Beschnitt der persönlichen Entfaltung bedeutet. **Zu viel Vorsicht und die Angst vor einem Nein erzeugen so viel Unfreiheit, dass mir regelrecht übel wird.** Liegt die Konzentration von Beginn an auf dem negativen Ergebnis, bringen wir genau das hervor: die Abwärtsspirale. Mein Appell ist es, Mut zu zeigen und zu seiner Meinung zu stehen. Diagnosenbingo hin oder her.

Dass derart viele Leute die Wahrheit oder Direktheit als Angriff empfinden, hat, glaube ich, mit dem Mangel der Herausbildung starker Persönlichkeiten zu tun, der hier praktiziert wird. Von der Kultur eigenständigen Denkens wird abgesehen und Verantwortung abgegeben. Nicht auffallen oder anders zu sein, ist die Devise – alle scheinen zu einer Masse verschwommen. Mich erinnert das Leben an vielen Stellen an die grauen Herren im Buch „Momo“ von Michael Ende. Sie stehlen Zeit – und genau das machen wir auch. **Indem wir uns gegenseitig Lebensräume, Ideen und Ziele madig machen, stehlen wir uns und anderen Lebenszeit.** Eine Zeit, die wir mir Glück und Liebe hätten füllen können. Das mag etwas schwülstig klingen, aber um was geht es in unserem Dasein denn sonst?

Zwischen einem „Guten Morgen“ und „Gute Nacht“ liegt so viel Raum, den wir alle für uns individuell mit guten Gefühlen ausgestalten können. Es müssen nicht immer gleich die High Vibes sein, von denen meine Verlegerin gerne spricht. Genuss statt Leben auf der Flucht ist schon mal ein gelungener Anfang. In Achtsamkeit leben, Dinge pflegen, um Beziehungen kämpfen. Wie kann ich mein Leben entstressen? Diese Frage sollte sich jeder von uns stellen. Dabei denke ich an die Gegenüberstellung von Effizienz versus Effektivität aus dem klassischen Marketing. In den vergangenen Jahren ist die Zuordnung zu diesen beiden Begriffen auf die Aktivitäten meines Lebens sehr wichtig geworden. Effizienz bedeutet, die Dinge richtig zu tun. Effektives Arbeiten/Handeln ist zielführend. Also im Fokus steht der Einsatz von Maßnahmen, die auf ein gesetztes Ziel hinarbeiten, während effizientes Arbeiten ressourcenschonend ist. Das ist also der Einsatz von Maßnahmen, die mit möglichst geringem Aufwand beste Ergebnisse erzeugen. Geht es vor dem Hintergrund meiner Erkrankungen darum, möglichst geringen Aufwand zu betreiben, da sich mein Leben anders gestaltet als jenes im durchschnittlichen Treiben da draußen? Was bedeutet es, in der heutigen Wegwerfgesellschaft Qualität zu genießen? Kleidung, Konsum, Menschen werfen wir weg, ohne uns Gedanken zu machen. Und andererseits kann Entrümpeln so guttun – da haben wir die Freiräume wieder. Wie viel ist gut?

"Sich Sorgen machen
ist wie im Schaukelstuhl
zu wippen, man ist die
ganze Zeit beschäftigt
und kommt trotzdem
nicht vorwärts."

Unbekannt

Ab wann wird es Egoismus oder schädlich? Ihr seht: Der Krebs hat mich nicht klüger gemacht, aber nachdenklicher.

Auch die Mentalität von Beziehungen geht ab einem gewissen Punkt in eine Versorgungsmentalität über. Liebe ist positive Vertrautheit, die man genau dann erreicht, wenn man sich Räume zugesteht und Dinge zusammen erreicht. Liebe steht für mich ebenso als Oberbegriff für Streit, Beziehung, Miteinander, Vertrautheit, Krisenmanagement, Rückhalt, Versöhnung, Herausforderung und nicht nur Hochgefühle. Und was steht am Anfang, um alles das leben und gestalten zu können? Mein persönlicher Raum der Selbstliebe ist die Grundlage, um überhaupt lieben zu können. Um lieben zu können, müssen wir mit uns zufrieden sein. Und die Wurzel dafür liegt in der Liebe, die wie als Kinder erfahren. **Was mich richtig auf die Palme bringt, ist die ständige Kopfickerei vieler Menschen in dieser Gesellschaft.** Ständig auf der Jagd nach Problemen und keinerlei Blick für konstruktive Lösungen oder eine positive Ausrichtung der Aufmerksamkeit. Der Weg des geringsten Widerstands macht uns krank. Gepaart mit ganz viel Gejammer ist dies unser tägliches Treiben da draußen.

Notiz an mich:

Heute nehme ich mir Zeit für die genussvollen Seiten des Lebens. Ich genieße meinen täglichen Espresso und eine leckere (süße) Schweinerei dazu.

Wie kann ich Selbstführsorge in meinen Alltag integrieren und Freiräume kreieren, die allen dienen? Ich bitte Dich an dieser Stelle intensiv in Dich zu gehen. Wo empfindest Du eine Enge im Leben? An welcher Stelle hättest Du gerne mehr innere oder auch äußere Freiheit? Der Schritt zur neuen Ausrichtung liegt häufig schon ganz nah, denn sonst würden wir nicht beginnen, darüber nachzudenken.

Was schenkt dir dieses Kapitel?

Ruhe

Selbstachtung

Ermutigung

Raum für Potentialentfaltung

Klarheit

Die Chance zur Selbstbestimmung

Handlungssicherheit

Hier ist Raum für Deine Gedanken

#6 Klischees gegenüber einem „Kranken“

Der Umgang mit einer ständigen Gefahr ist eine harte Prüfung an einen selbst. Beinahe schlimmer als die eigene Verfassung ist jedoch häufig die Art, wie extrem viele Menschen sich anmaßen, von außen mein Verhalten zu begutachten. Die Erwartungshaltungen an Menschen mit Krankheiten sind dabei gleich massiv – von Schnupfen bis Krebs gibt es wie in einem Handbuch in den Köpfen vorgeschriebene Verhaltensweisen.

Würde ich den Anforderungen genügen wollen, hätte ich seit Jahren eine Menge zu tun mit dem Programm, das ich abliefern soll. Am Boden zerstört zu sein, ist dabei noch das am meisten Offensichtliche.

Im Grunde habe ich in den Köpfen der Welt alles zu sein:

depressiv
lebensmüde
humorlos
krank
ein Gesundheitsapostel
enthaltsam
spaßbefreit
abstinent
vernünftig
geordnet
ständig fokussiert
ein Heiliger

niemals schlecht gelaunt
ständig schlecht gelaunt
mit dem Leben am Ende
ständig tiefgründig
immer auf das Positive blickend

Und ja, einige dieser Punkte stehen absolut im Gegensatz zu sich. Das kümmert diejenigen, die das alles an mich herantragen, null. Sie plappern ihre Stammtischparolen munter aus und ihnen tut alles leid. Sie sind schrecklich geheuchelt ergriffen, ohne auch nur einen Anflug von Mitgefühl zu haben. Am Ende tun sie sich mehr leid, jemand zu kennen, der an Krebs erkrankt ist, als alles andere.

„Das tut mir leid." Wie viel Wahrheit steckt in entgegengebrachtem Mitgefühl? Das Gute an den Folgen eines Krampfanfalls ist, dass man in der ersten Zeit so ausgeknockt ist, dass man viel von dem Pseudo-Gesäusel gar nicht aufnehmen kann. Ich war derart geschwächt, dass mir das alles am Arsch vorbeiging. **Ich war damit zu überleben beschäftigt, sodass die Animositäten anderer keine Rolle spielten. Und dann schleicht sich mit zunehmender Genesung dieses kleine Arschloch der Oberflächlichkeiten im Alltagsstress erneut ein.** Plaudereien beim Bäcker, Klagen über das Wetter und die Sorgen der Welt. Blabla. Mittlerweile erheitert mich die Suggestivfrage „Und, alles klar?" je nach Laune mehr, als dass sie mich wütend macht (wobei auch das vorkommt). Du Spinner, sage doch, dass Du am liebsten von Dir selbst erzählen willst. Dich interessiert es nicht die Bohne, wie es mir geht! Diese Oberflächlichkeiten gehen mir auf den Sack. Ganz einfach. Wie wäre es mal mit echtem Interesse aneinander und das gegenseitig? Wie schön wäre das Miteinander, wenn wir den Blick mal auf den Nächsten richten?! Nicht ins Ausland, nicht (nur) auf Kriege – einfach vor der eigenen Haustüre kehren und zum Beispiel dem Nachbarn etwas Gutes tun!

"Du brauchst

·einen·Wer!"

John Strelecky

Aber worin begründet sich diese Ignoranz, die wir hier alle praktizieren?

Was mir seit Jahren nun bewusst geworden ist: Die meisten scheinen vor allem in Bezug auf Krankheiten – oder drehen wir es lieber zur Gesundheit um – mit einem völlig miesen Gefühl für sich und die eigenen Belange sowie die Intuition ausgestattet zu sein. Beziehungsweise ich bin davon überzeugt, dass wir (und da nehme ich mich nicht von aus) ganz den gesellschaftlichen Mustern nach unseren Kindern bereits den Mut, sich des Bauchgefühls zu bedienen, abtrainieren. **Lieber trimmen wir in einem fragwürdigen Schulsystem alles stereotyp auf Einheitlichkeit, Funktionalität und damit leider auch Emotionslosigkeit.** Dies hat zur Folge, dass wir alle dann als Erwachsene eine vermeintliche Reaktion auf bestimmte Themen zeigen. So auch auf Krankheiten und die Tatsache, wie sich jemand an Krebs erkrankt zu fühlen hat. Dass man einen akut Erkrankten, wenn er richtig Halligalli betreibt, vielleicht schräg ansieht, verstehe ich sogar noch im Ansatz. Dass man allerdings vorgibt, wie sich jemand zu fühlen hat, ist absurd!

„Jeden Tag ein Wunder" ist eine schöne Devise, wie sie sich in hunderten Kalendern mit tollen Sprüchen findet, die oft einmal direkt am Leben vorbeilaufen. Das Motto des Wunders scheitert an der Stelle, an der die Erwartungshaltung plötzlichen Tiefgangs nach einer Diagnose auf Menschlichkeit und Schwäche stößt. **Ich werde doch nicht über Nacht zu einem spirituellen Übermenschen, nur weil mir ein Arzt eine Diagnose nennt. Wir alle haben doch schon mal gesoffen und danach gekotzt. Haben wir nicht dennoch danach erneut getrunken?** Die meisten von uns vermutlich schon. Meine Gewohnheiten und Ansichten wandeln sich nicht, „nur" weil auf einmal alles auf Alarm steht. Wie vorhin beschrieben, ist unser Gehirn auf Dinge programmiert, die schon lange zu uns gehören. Das mag nicht gut sein, ist aber eine Realität. Im Umgang damit, wie ich nun nach den Diagnosen zu leben habe, sind mir sicherlich auch einige Themen um die Ohren geflogen – ich bin halt Mensch!

Wie geht man mit den kleinen Sünden des Alltags um? Wie gesund muss mein Alltag plötzlich werden? Ich muss oder darf sagen, dass ich als Fitnessfan immer schon sehr auf Sport und Ernährung geachtet habe. Uns allen dürfte klar sein, dass auch völlig gesunde Menschen erkranken. Das Schicksal schlägt halt auch zu – Extrembeispiele gibt es in allen Formen und Farben. Zu verzichten, ist gut, wenn es sich gut anfühlt, und nicht dann, wenn die Gesellschaft es erwartet. **Wenn ich meine, mein eigenes Leben aufs Spiel zu setzen, weil ich stellenweise auch ein Holzkopf bin, ist das ganz alleine meine Entscheidung.** Der Prototyp des Patienten gleicht einem rohen Ei, das steht fest. Opfer, leidend, sich ergebend, hörig etc. etc. Ich habe mit sämtlichen Klischees mir gegenüber gebrochen und meinen Schicksalsschlag als Freisetzung positiver Impulse und Energien gesehen und dabei in intensiven Dates mit mir selbst Bilder entworfen. Es sollte immer ein Ziel für uns alle sein, sich ein Bild von sich selbst zu machen, wie wir in bestimmten Rollen und Positionen des Lebens wirken, aussehen und uns fühlen. Viele nennen es Visionboard oder Skripting. Ein Bild von sich zu kreieren, schärft das Bewusstsein dafür, wie wir sein wollen, was wir erleben wollen und wo wir Grenzen in uns empfinden. Je nach Ziel und Potential können wir diese vermeintlichen Bilder dann übersteigen oder uns dem Rahmen fügen – unser Bewusstsein und der Mut schaffen die Bedingungen.

Bei einem Bild von sich gilt es, zu hinterfragen:

Wie sehe ich mich selbst?
Welche Kompetenzen und Qualitäten schreibe ich mir selbst zu?

Welche Schwächen und liebenswürdigen Macken machen mich aus?
Wie nehmen mich andere wahr?
Was erwarten andere von mir?

In der Gesellschaft werden sehr früh Stereotypen aufgebaut, die wir alle kennen und oft auch unbewusst spiegeln. Die oben genannten Fragen darfst Du für jedes Themenfeld Deines Lebens beantworten. Als Vater wirst Du eine andere Rolle und ein anderes Bild von Dir haben, als es zum Beispiel im Beruf, als bester Freund oder eben auch als Patient der Fall ist. Je deutlicher Du die Bilder von Dir selbst vor Augen hast, desto stärker kannst Du lernen, ganz Du selbst zu sein und Dich in Deinen persönlichen Rollen auch abzugrenzen und zu behaupten – natürlich nur, wenn nötig.

Wie die wundervolle Jane es beschrieben hat, ist ein Funken Leben immer da. Krankheit hin oder her. Gewöhnt Euch bei meinem Naturell daran und spart Euch das Gejammer! Wenn ich es nicht mache, erlaube ich mir, zu sagen, dass ihr keinen Grund habt, über mich zu klagen! Ihr dürft Euch kümmern oder nachfragen, aber nicht in diese Pseudo-Scheiße verfallen. Genauso darf ich Euch auch nach Eurem Wohlbefinden fragen, denn das Leben ist keine Einbahnstraße! **Sollte ich dies mal längere Zeit nicht getan haben – sorry, not sorry! Mir kam dann sicherlich das Leben dazwischen, das mich gefordert hat.** Denn es mag seltsam klingen, aber das passiert immer noch! Es gibt drei Kinder mit allem, was dazugehört, Umzüge, Streitigkeiten mit der Frau, Urlaube, einen Beruf und, und, und. Das alles ist keine Nachlässigkeit aus Desinteresse, sondern Leben. Wer mir dabei Arroganz nachsagt, tut mir eher leid. Ich mag zwar ein bekloppter Party-Flipper sein und ein bisschen Ballermann in Person, aber niemals arrogant.

Ich liebe Euch alle in meinem Umfeld. Danke, dass ihr mich mit euren Erwartungshaltungen (meistens) verschont.

Notiz an mich:

Ich darf exakt so sein, wie ich es will!

Die nächste Übung führt Dich auf den Weg zu Dir selbst! Häufig sind wir selbst unsere größten Stolpersteine. Notiere Dir, welche Klischees und Erwartungshaltungen Dich begleiten und folge der kleinen Anleitung – Du kannst Dich den Punkten ganz bewusst stellen und sie somit hinter Dir lassen!

Mach Dich auf den Weg

Gibt es in einem Bereich Deines Lebens Klischees, die Dir begegnen?

Was waren besondere Momente, in denen diese Klischees aufgetaucht sind?

Was hat Dir daran missfallen?

Welche Gefühle haben die Erwartungen anderer in Dir erzeugt?

Triggert Dich die Erinnerung heute noch?

Stelle Dich den Themen ganz bewusst!
Du darfst ganz Du sein!

Hier ist Raum für Deine Gedanken

#7 Aus weltlichen Zwängen werden persönlich(st)e Möglichkeiten

Von Arschtritt bis innere Revolution hat mein Leben alles für mich bereitgehalten. Auffällig ist, dass vor allem die weltlichen Zwänge wie Nettigkeiten dabei zu regelrechten Landplagen werden. Ein lieber Gruß von Herzen ist natürlich schön und tut jedem von uns gut. Und dann schleichen sie sich mit ein, diese kleinen Biester der Scheinheiligkeit. Diese vermeintlich lieben Nachfragen und das Pseudo-Interesse, denn man hat den armen Kerl ja zu fragen, wie es so läuft. Das will die Außenwelt des schönen Scheins, während es der Innenwelt doch scheißegal ist, wie es mir geht. Wenn ich an dieser Stelle sage, dass ich für so einen Mist keine Zeit habe, beziehe ich das nicht auf einen möglichweise anderen Lebenslauf. Niemand sollte jemals für Bullshit-Bingo Zeit haben. Und Lust dazu schon gar nicht!

Diese Schraubzwinge aus weltlichen Zwängen wird genau dann zu persönlichen Möglichkeiten, wenn wir uns endlich aus ihnen befreien. Wie viel Potential in diesem ganzen Rotz hier im Alltag steckt, wird mir erst klar, seit ich mit etwas anderen Bällen als der Normalo von nebenan jongliere. Und erneut wird deutlich, wie sehr wir alle Veränderung und den erforderlichen Mut dazu brauchen. Die meisten stellen die Frage nach unserem Wohlbefinden, damit sie direkt von ihren eigenen Befindlichkeiten sprechen können. Fragen, um Gegenfragen stellen zu können, ohne zuzuhören. Die Fangfrage hinter den Kulissen: „Frag mich doch endlich auch, wie es mir geht, denn ich muss unbedingt meinen

Senf loswerden.“ Kann ich mit meinem Wertesystem demjenigen unverblümt sagen, dass mich seine Unart einen Teil meiner sehr wertvollen Lebenszeit kostet? Oder sollte ich das Theater einfach die fünf Minuten aussitzen und mitspielen? **Oft habe ich mir die Frage gestellt, wie es draußen aussehen würde, wenn jeder alles sagen würde und was denn wirklich unserer menschlichen Würde entspricht.**

Den heißgeliebten Artikel 1 des Grundgesetzes – die unantastbare Würde – gibt es nur im Traum. In unserem Land existiert das alles für mich nicht. Sich aus weltlichen Zwängen zu befreien, umfasst für mich auch ein sehr ernstes Thema, das ich in diesem Buch nur kurz erwähnen möchte: Sterbehilfe. Nichts ist in meiner Betrachtung unwürdiger, als jemand, der sich selbst nicht von seinem Leid erlösen kann und sich doch genau das wünscht. In meiner Familie gibt es keine lebenserhaltenden Maßnahmen. Im Grunde geht es doch immer nur um die Hinterbliebenen, die an der Person ziehen – der Sterbende bekommt das alles nicht mit.

In letzten Atemzügen eine Qual zu erleben, ist meine Horrorvorstellung, der ich entkommen will. Und natürlich brauchen Menschen als Gesellschaft ein gewisses Regelwerk und eine Hilfe zur Orientierung. Das steht fest. Im Krankheitsfall möchte ich Selbstbestimmung erfahren, Organspende als Pflicht – bei solchen Themen sollten die Emotionen einfach beiseitegelassen werden.

In meinem Leben sind meine Werte für mich die zentrale Orientierung, und natürlich entwickeln sich Lebensansichten auch aus den weltlichen Zwängen, die uns als Gesellschaft begegnen. Loyalität ist zentral – nicht käuflich und unverrückbar. Rückhalt, wenn jemand mal den Pfad verlässt – ich muss mich auf die Verlässlichkeit meines Umfelds ebenso verlassen können und

"Höre nu

Menschen, d

sind, wo D

r auf die
e bereits da
u hinwillst!"

Yannik Beyeler

habe in den vergangenen Jahren so massiv wie nie begriffen, dass meine Stabilität nur durch mein Umfeld so stark sein konnte. Wir alle bestimmen selbst, wie viel Einfluss die Welt auf uns hat! Job, Familie, Umfeld – die inneren Grenzen sind keine flexible Gummilinie, die man beliebig verschieben kann.

Notiz an mich:

Ich achte auf die Geschwindigkeit und betätige auch mal die Bremse, wenn es nötig ist.

Mache Dir an dieser Stelle Gedanken, welche Werte Dein Leben, Dein Denken und Dein Sein prägen! Was war Dir ein Leben lang wichtig und kam wie von selbst in Dein Leben? Versuche Dir mindestens 15 Dinge zu notieren, um Dein persönliches Wertegerüst für Dich selbst zu visualisieren. Sollten Dir nicht alle Punkte einfallen, darfst Du Dir Zeit lassen.
Sich bewusst zu werden, ist ein Prozess.

Vielleicht fallen dir auch Themen ein, die Du verstärken möchtest in deinem Leben. Notiere sie ebenfalls, sodass sie wachsen und heranreifen können!

Baue dein eigenes Wertegerüst!

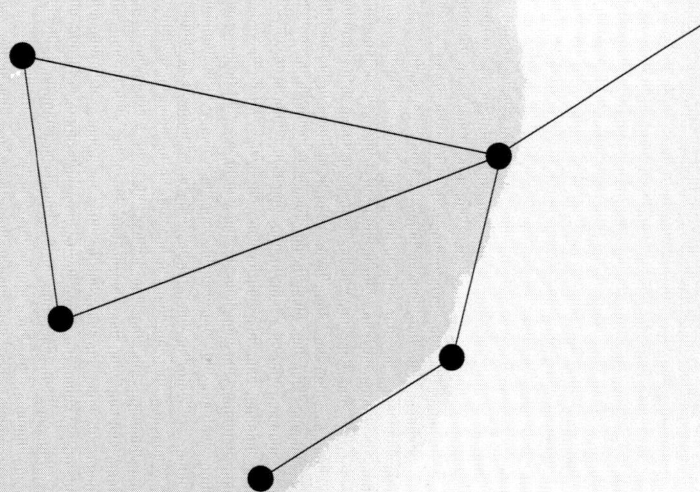

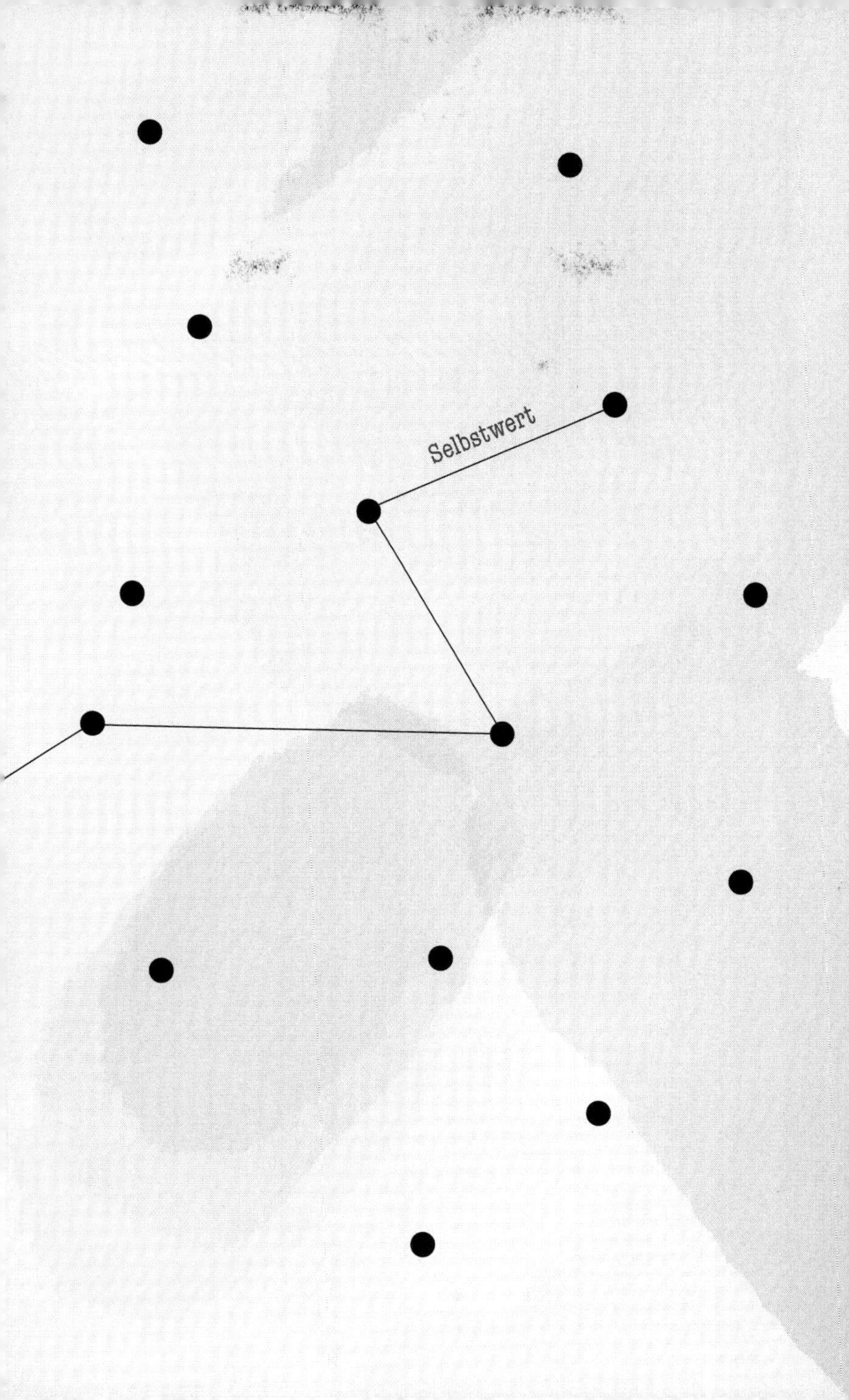
Selbstwert

Hier ist Raum für Deine Gedanken

#8 Die Architektur des Lebens

Kann ich, was ich will?

Kultiviert die Schulmedizin Kranksein? Ungesunde Tendenzen zeigen schon die Begrifflichkeiten wie Krankenkasse, Krankenhaus, Krankenzimmer statt Genesungszimmer, Krankenwagen anstelle von Rettungswagen – wer das für Wortklauberei hält, hängt eigentlich schon mitten in dieser Gedankenspirale. Das ist so ein allgemeingültiges Muster in der Gesellschaft, bei dem man als „einer von uns" und „der Gute" angesehen wird, weil man im Kollektiv leidet und ja sein Hirn selbst nicht einschaltet. Böse gesagt dürfte ich mir dieser Form zu denken nach an dieser Stelle noch etwas mehr erlauben als andere, da mir ein Stück Gehirn fehlt. Zum Schock einiger mache ich das sogar. Jedoch anders, als es an diesem Punkt rüberkommen mag: Ich denke nämlich über den Tellerrand hinaus und erlaube es mir, unbequem zu sein.

Meine Position zur Krebsforschung ist sehr kritisch und ich erlaube mir die Positionierung aus meiner eigenen Erfahrung heraus. Natürlich wird es sehr viele engagierte Menschen geben, die diese Geißel der Menschheit ernsthaft bekämpfen wollen. Unbeliebt mache ich mich vermutlich schon bei vielen an dieser Stelle, wenn ich den Begriff des Kampfes verweigere. **Man muss auch mit einer Krankheit wie Krebs – oder gerade damit – Frieden schließen, um sie zu überwinden.** Wer ewig mit sich und dem Schicksal hadert, verliert restlos den inneren Frieden und ist bereits zu Lebzeiten tot. **Wer sich den Funken des Lebens bewahrt, geht immer in die Reflexion und sucht nach konstruktiven Lösungswegen für den Körper und die eigene Seele.** Und wenn es auch einfach mal ein Besäufnis mit den besten Freunden ist, wenn einen der Mut verlässt. Sich der Krankheit also friedlich zu stellen, ist der erste Schritt.

Man braucht keinen Aluhut zu tragen, um zu bemerken, dass an vielen Stellen auf dieser Welt einige Dinge niemals auf das Wohl der Menschen zielen. Wir züchten per Gesetz erlaubte Fettleibigkeit von Kindheit an, wir produzieren Gifte, Strahlungen und frönen wie selbstverständlich einer massiven Abhängigkeit. Millionen Menschen sind tabletten- und alkoholabhängig – dies gehört zum normalen Leben und wird nicht hinterfragt. **Lebensmittel enthalten in den wenigsten Fällen das, was auf der Verpackung steht, und diese Perversion ist als Verbraucherverarsche erlaubt.** Ein Skandal, der zum normalen Leben zählt. Wir fliegen zum Mond, erfinden die modernsten Technologien und sollen nicht in der Lage sein, Krebs oder Aids ernsthaft in den Griff zu bekommen? Mich haben sehr gute Ärzte betreut, denen ich sehr dankbar bin. Dennoch gestehe ich dem kritischen Leser an dieser Stelle den Mut zu, sich des eigenen Denkens zu ermächtigen. Tut Euch einen Gefallen: Hinterfragt einfach mehr im Leben und glaubt nicht jeden Scheiß, der Euch aufgetischt wird. Die klügsten Köpfe dieser Welt scheitern platt gesagt am eigenen Rührei morgens daheim, sind jedoch im Stande, die größten Technologien zu erschaffen. Und jene Mächte sind machtlos, wenn es um Krankheiten geht? Mir wollte ein Professor 348 Chemo-Einheiten verordnen, als es um die Bearbeitung meines Hirntumors ging. **Mir hat sich bis heute nicht erschlossen, wie man Individuen mit einem eigenen Krankheitsbild einheitlich behandeln will.** Fakt ist, ich bringe der riesigen Maschinerie jährlich eine riesige Summe Geld.

Patienten werden bis zum letzten Moment ausgeschlachtet. Als Patient mit zwei Krebsformen bin ich dabei noch mal gesondert zu betrachten.

Nun gut, ich passe halt in keine Statistik.

Alleine meine Medikamente kosten jährlich 60.000 Euro. Kaum auszumalen, wenn dem ernsthaft ein Ende gesetzt würde. Entwickelte nun jemand auch nur ein Mittel, das die Menschen wirklich heilte und zudem stärkte, wäre ein ganzer Markt zerstört. Das Problem beziehungsweise die Maschinerie, die will, dass es keine konkreten Lösungen gibt, beginnt doch an ganz anderer Stelle in dieser Gesellschaft. **Alle Menschen sollten lückenlos ab der Schulzeit zu Themen wie Werte, Bewusstsein, Achtsamkeit und Kultur unterrichtet werden.** Nicht der Lebenswandel zwingt uns zu etwas, es sind unsere Gewohnheiten, die dann neue Verhaltensmuster erfordern, weil alles immer extremer und standarisierter wird. Laut Grundgesetz sind wir alle in unserer Würde unantastbar. Ein toller Gedanke. Aber was prägt uns wirklich?

Lobbyismus, Skandale, Schwarzmalerei – unsere Kinder bekommen die düstersten Szenarien in der Außenwelt als Normalität eingeimpft und lernen die Freiheit des Herzens gar nicht erst. Jeglicher Mut zur Kreativität, vielleicht sogar Energien zu sehen, wird ihnen aberzogen. Es bleibt eine zerstörerische Form der Entmutigung, die uns alle einengt. Unsere Gesellschaft entwickelt von Generation zu Generation neue Narrative und Gewohnheiten, die uns allen als normal vorkommen. Gewohnheiten, Muster, Umgangsformen, Schulsysteme und – so viele davon sind toxisch für uns. **Wir kreieren uns eine Architektur, eine Art Grundgerüst für unser aller Selbst, das wie ein Kartenhaus irgendwann zusammenbricht.**

So manche Wahrheit ist unbequem und schmerzhaft. Und am liebsten würde ich uns allen auch einreden können, dass schon alles seinen Gang nimmt. Klappt aber niemals. Wir brauchen starke Charaktere, strahlende Kinder als Architektur des Lebens! Krank werden wir nicht, weil uns Dinge von außen überkommen, die uns krank machen. Nicht das Ding von außen ist es, sondern wir prägen das alles als Gewohnheit und wir geben es an unsere Kinder über Generationen weiter. Zu Erkrankten werden wir, weil wir diese Abläufe nicht verstehen und das, was uns krank macht, für Glück und den nötigen Rahmen halten. Alle sind acht- und lieblos, ein ziemlich marodes Gerüst für das Zusammenleben in einer Gesellschaft.

Ein Architekt des eigenen Lebens zu sein, bedeutet auch, sein Leben wie ein Unternehmer zu gestalten.

Durch die Krankheit habe ich gelernt, über den Tellerrand zu schauen und mich als Unternehmer, der Gestaltungsspielraum hat, zu begreifen. Dabei ist es völlig egal, ob wir in Anstellung sind oder Firmeninhaber. Ich habe Freunde mobilisiert, neue Netzwerke erschlossen und ein neues Bewusstsein entwickelt. Dass ich diese Zeilen schreiben kann, ist auch meiner täglichen Zufuhr an Nahrungsergänzungsmitteln zu verdanken. Wer sich nun aufragen mag – bitteschön! Beweist mir anhand von Zahlen und Daten gerne das Gegenteil!

Der Beginn der inneren Reise hat seinen ersten Atemzug, wenn wir anfangen, Erinnerungen zu schaffen. Jene, mit denen man nach unserem Ableben ein Museum für die Nachwelt füllen könnte. Gute Museumstage, die zum Nachdenken anregen, zu staunen und zur Freude! Schon vor Schicksalsschlägen gab es dieses Kopfkino und Erinnerungen, die mich überdauern. Gesammelt habe ich sie akribisch in tausenden Momenten – und dies über Jahrzehnte. Zentral ist, dass es für Probleme und Herausforderungen keine Skalierung gibt. Für jeden sind Probleme individuell zu betrachten. Niemals würde ich mir anmaßen, zu sagen, meine Angelegenheiten sind schlimmer als das was, was anderen widerfahren ist.

"Wenn Du der Klügste im Raum bist, dann bist Du im falschen Raum."

Warren Buffet

Ich bin froh, dass ich am Leben teilnehmen kann, wie ich es tue. Unternehmer seines eigenen Lebens zu sein, bedeutet für mich auch, nicht zu hadern. Andere sind zum Beispiel in ihrem Körper gefangen oder in einer leeren Hülle, haben ihre Sinne verloren und können nichts mehr von dem leben, was sie ausgemacht hat. Das wäre für mich Sterben auf Raten. Mein Naturell liebt die **Überholspur – ein erfülltes Leben.**

Notiz an mich:

Eine Hauptsäule der Architektur meines Lebens ist es, ein guter Mensch zu sein. Ein Anker auch für andere. Bin ich stabil, kann ich produktiv für alle da sein. Bei einem Flugzeugabsturz kümmert man sich zuerst um sich, dann um die anderen. Wenn man selber stark ist und vor allem im Kopf frei, kann man wunderbar anderen Menschen helfen.

Häufig stehen uns Glaubenssätze im Weg, die uns vermeintlich ausbremsen.

Solltest Du Dir in einem speziellen Bereich Deines Lebens etwas wünschen, ist an dieser Stelle genau der richtige Punkt, dem Wunsch näher auf den Grund zu gehen. Notiere Dir oben auf den nächsten Seiten das Thema wie zum Beispiel „Lebensfreude“

Links trägst Du ein, was Dich Deinem Glauben nach noch davon trennt, die gewünschte Freude im Leben erfahren zu können.

Rechts gehst Du der Annahme auf den Grund und änderst Deinen Bezug zur Freude, indem Du alles aufschreibst, was Dich in der Freude erwartet, was Dir guttut und warum genau Du diese Freuden verdient hast!

Ermögliche dir den Zugang zu Deinen Wünschen und Idealen!

Thema:

Annahme:

Annahme:

Annahme:

Annahme:

#9 Von Museumstagen und dem Kopfkino

Sei der Markenbotschafter Deines eigenen Lebens!

Wie eine Positionierung für sich und seine Bedürfnisse gelingt, ist natürlich nicht nach Schema F abzuhandeln. Hinsehen und vor allem in sich hineinfühlen, das sind schon mal die Startbedingungen zu mehr Entfaltung und Glück. Zwar habe ich ein Leben lang über „Ich will mehr" nachgedacht, aber einen festen Namen habe ich der ganzen Sache nie gegeben. Erst mit der Lektüre des Buches „The Big Five For Life" wurde mir klar, dass auch ich mein Leben als Unternehmer begreifen darf. Selbst dann, wenn ich Angestellter bin. Ziel sollte es sein, sein Leben wie ein Unternehmer auszugestalten und keinen Dienst nach Vorschrift abzuziehen.

Haltungen einnehmen und sich für die Marke einsetzen, die man verkörpert, das ist das ideale und einzige Muster, wenn man mehr vom eigenen Leben will. Im Markenrecht hat jeder mit einer eingetragenen Marke die Pflicht, diese auch zu verteidigen. Wusstest Du das? Geht also jemand mit derselben Marke bzw. mit dem Namen und/oder sehr themenverwandten Dingen an den Markt, muss der Inhaber der Marke diese gerichtlich schützen und sein Recht einklagen. Dies ist natürlich kein Appell, dass jeder jeden vor Gericht ziehen soll. **Eher eine Ermutigung, seine Ideale zu schützen und für seine Träume einzustehen. Zu kämpfen, wenn einem eine Idee am Herzen liegt, wenn einem ein Mensch und ein Wert viel bedeuten.** Warum begreifen wir uns nicht als Marke des eigenen Seins und verteidigen uns auch abseits des Business? Zielstrebig im Job und privat ein

Flop? Das passt nicht zusammen. Wir sollten beginnen, uns als gesamtes Konzept zu begreifen!

Wenn Chancen zerbrechen, empfinden wir dies dem menschlichen Verstand nach als Niederlage. Vielleicht denken wir Menschen, dass wir oktroyierte Veränderungen gerade jetzt auf keinen Fall gebrauchen können, aber das ist ein Irrtum. Wir bekommen immer genau das, was für unsere Entwicklung richtig ist – diese Tatsache anzunehmen, ist mir lange Zeit wirklich schwergefallen. Warum sollte ausgerechnet ich diese Krankheiten „brauchen" sollen? Mit den Diagnosen ist für kurze Momente das Vertrauen in mich als Marke zusammengebrochen, weil das Bewusstsein für die Markenbotschaft noch gar nicht so ausgeprägt war.

Wo will ich hin?
Was will ich verkörpern?
Was ist mein Angebot?
Was ist meine Botschaft?
Welche Strahlkraft habe ich?
Welche Wirkung kann ich im Leben erzeugen?
Für welche Werte stehe ich ein?

Jeder von uns hat ein besonderes Potential – manch einer erholt sich von Rückschlägen schneller und schafft es dann im Moment größter Krise, hinter den ursprünglichen Plan zu blicken. Die Zusammenbrüche meines Lebens (und damit meine ich die gesamte Summe der 47 Jahre) haben mich dazu gebracht, dass ich auf meine Big Five schaue. Auf die Chancen, die Ideen (und seien sie noch so verrückt), auf Ideale, Visionen. Meine fünf Säulen sind durchaus auch mal wandelbar, wenn sich eine Idee überholt oder erfüllt hat. Dann kommt halt das nächste große Ziel dazu.

Im Laufe des Lebens mit vielen Enttäuschungen – Momente, in denen man sich einer Täuschung entledigt – bildet sich aus

"Der Zeit ist es egal
ob Du glücklich, traurig,
wütend oder fröhlich bist,
sie vergeht dennoch.
Also nutze sie, so
gut es geht."

Anthony Fedrigotti

den vielen kleinen Strohfeuern das wahre ICH heraus, das zu einem Flächenbrand der Begeisterung wird. Im besten Fall geht dies in die Erkenntnis der persönlichen Big Five For Life über. Jenen Punkten, die mein Lebenskonzept ausmachen. Nicht erst mit den Diagnosen habe ich begonnen, zu hinterfragen, ob meine Big Five mit meiner Familie, den Mitarbeitern, Projektpartnern und Menschen meines Lebens kompatibel sind. **Bin ich bereit, mich ständig zu entwickeln, Transformation zu erfahren und täglich neue Weichen zu stellen, wenn es mein Leben erfordert?**

Jeder sollte in seinem Leben den Zweck der Existenz (ZDE) ausarbeiten und sich sein Warum bewusst machen. Vielleicht ist man auf der Welt, um einen großen Zweck zu erfüllen. Möglicherweise bin ich selbst recht spät Vater geworden, weil die Zeit erst dann reif war, selbst Vater zu sein. Wege haben zusammengeführt und sich getrennt. Die meisten von uns haben mehrere Partner kennenlernt und standen vor riesigen Entscheidungen. Mein Schicksalsweg sah es vor, dass mein Kind geboren wurde, meine Festanstellung war fast weg, dann die Leukämie – es gibt halt keine Garantien im Leben. Mein Weg des Lebens würde anderen riesige Panik verursachen, was ich total gut verstehen kann. **Nicht die Krankheit an sich macht uns jedoch Angst, sondern die Perspektivlosigkeit, mit der wir lange Jahre durchs Leben ziehen.** Die Arschtritte in meinem Leben haben dafür gesorgt, dass mein Big Picture, meine Vision, erst nach dem Hirntumor entstanden ist. Kaum zu fassen, dass nicht mal dafür die Leukämie „genug" war. Die tödliche Gefahr hat die Innenschau verstärkt, sodass ich mich frei von Panik mit der eigenen Endlichkeit auseinandersetze. **Macht nicht denselben Fehler: Beginnt damit sofort!**

Seid eure eigene Marke! Die gestaltet sich aus euren Herzenswünschen, der Persönlichkeit, aus Chancen und auch Ängsten. Das Leben ist ein Unternehmen, das es aktiv zu gestalten gilt. Nehmt alles aktiv in die Hand. Wer einmal beginnt, sich mit Lebensinhalt, Philosophie und der Ausgestaltung zu beschäftigen, kann nie mehr auf den Startpunkt zurück. Kein „Gehen Sie zurück auf Los!". Wer lebt, um zu arbeiten, versaut sich alles, denn es gibt keinen Aufschub. Wieder so eine tolle Bauernweisheit. Jedoch wer hat das wohl konkreter als ich vor Augen? Menschen brauchen viel mehr Motivation zum Wandel und warten dabei, bis es total unerträglich ist.

Es ist nicht unbedingt rühmlich, jedoch habe ich mein Abitur geschmissen, bin aus der Festanstellung raus, ohne zu wissen, was als nächstes kommt. Bei einer Arbeit im Hochregallager (das Ziel war ein Urlaub mit meinem Kumpel) wurde ich ausgenutzt und habe den Job konsequent aufgegeben. **Ich lasse mich nie verkaufen, bin niemals ein Bückling.**

Ohne eine Klarheit zu haben, habe ich es geschafft, mich schon vor mehr als 25 Jahren fallen zu lassen – zentral war es immer, dass ich keinem Kontrollwahn verfallen war. Eins steht fest: Es geht immer weiter! Meine Krebserkrankungen sind ein Härtetest an mich – es war eine saubere Drecksarbeit, der eigenen Seele vertrauen zu lernen. Je nach Lebensphase haben die Big Five eine ganz spezielle Dynamik, die sich daran orientiert, was meine Seele gerade braucht. Dreht sich die Welt zu schnell, sind meine Visionen vermutlich genau wie Eure etwas besinnlicher und stiller. Scheint alles einzuschlafen, kommt die „Abenteuerromantik" mit ins Spiel und die Lust auf Tempo. Fest steht, es braucht auch Mut, die Ziele anzupassen und die Richtung zu ändern. Sich Neuem zu widmen, braucht Überwindung und einen klaren Geist zur Orientierung, denn meine ganz persönlichen Ziele tangieren immer auch andere und ein möglicher Widerstand kann die Folge sein. Wo Mutige gegen den Strom schwimmen, braucht es eindeutig Durchhaltevermögen.

Begebe ich mich in einen Prozess der Veränderung, ziehe ich zugleich mehr Menschen mit dem Geist der Veränderung in mein Leben und kann selbst wieder wachsen. Das neue Ich hat dafür gesorgt, dass ich mich in den letzten anderthalb Jahren noch mal viel präsenter in Job, Familie und Freundschaften aufgestellt habe, während im Gegenzug andere Freundschaften ausgelaufen sind. So ziehe ich eher Konsequenzen und habe keine Lust, mich mit Zeitfressern zu beschäftigen – dies ist genereller Natur und nicht der Endlichkeit meines Lebens geschuldet. Eine Entschuldigung ist keine Schwäche, wenn Respekt und Miteinander immer im Fokus sind – dabei geht die Energie von innen nach außen:

„Be the change“.

Notiz an mich:

Heute lasse ich mir meine eigenen Erwartungshaltungen und den Druck, ob ich sie erfüllen kann, am Arsch vorbeiziehen!

Zukunft wird aus Mut gemacht: Mache Dir Gedanken zu Deinen Zielen im Leben. Notiere Dir die vielen kleinen und großen Dinge, die Du erreichen möchtest und schaue von Zeit zu Zeit, ob die Ideen von heute noch zu Dir passen! Wenn nicht, darfst Du sie mutig streichen und durch neue Träume ersetzen.

Sei mutig!

Glaubenssatz	Affirmation

Hier ist Raum für Deine Gedanken

#10 Krisenmanagement – die Königsdisziplin

Krisen haben viele Gesichter. Manche können wir ansehen, andere sind so grausam, dass wir Angst haben, an ihnen zu zerbrechen. Für mich waren Krisen wichtig, da ich immer an ihnen gewachsen bin – so wie wahrscheinlich alle von uns. Entscheidend für den Ausgang waren immer eine gewisse Form von Gelassenheit und mein neues Selbstbild.

Die wohl aus nachvollziehbaren Gründen härtesten Prüfungen waren meine Diagnosen, dennoch würde ich sie niemals als die einzig bedeutsamen Krisen bezeichnen. Es gab so viele Ereignisse, die mich auch vor dem Krebs bewegten. Warum sollte ich das alles heute leugnen? Es gab ja auch ein Leben davor, und das war ebenso intensiv, wenn auch anders. Ein gebrochenes Herz, ein Streit mit dem Partner, Unfälle – alles kann für uns in dem Moment ein Weltuntergang sein. Es muss nicht immer das eine Spektakel sein. Was ich für mich unterschreiben kann, ist, dass ich nie, nie, nie meinen schwarzen Humor verloren habe. Natürlich bleiben die Umstände an sich bestehen. Es geht ja nicht darum, die Realität zu leugnen. Gewisse Einschnitte tangieren uns immer und die Fakten an sich hauen uns auch um. Dürfen sie auch.

Die grundlegende Position im Leben ist eine bewusste Entscheidung, und das ist eine Form von Selbstmanagement, zu der auch das Managen von Krisen gehört. Spannender als nahezu alles andere ist die Tatsache, wie die Gesellschaft mit Krisen umgeht und welchen Stempel ich aufhabe: Ich werde absolut als Opfer gesehen. Ich habe mich noch nie in dieser Rolle empfunden und wurde auch ziemlich schnell gelöst von dieser seltsamen Rolle behandelt. **In der Situation der größten Tragödie im Leben habe ich bewusst entschieden, frei zu sein, zu leben und glücklich zu sein.** Im Klartext bedeutet dies für meine Causa Hirntumor, dass ich die Chemo verweigert habe und mich bewusst eigenmächtig selbst aus der Klinik entlassen habe. Zum Entsetzen der behandelnden Mediziner natürlich.

Offensichtlich gibt es wenige Menschen, die den Göttern in Weiß widersprechen oder auch die richtigen Fragen stellen, denn meine Reaktion hat dazu geführt, dass ich übel angegriffen und wie eine Sau durchs Land getrieben wurde. Prozesse in Kliniken zu hinterfragen und nach Vorteilen zu fragen, hat erstaunlicherweise nicht wirklich Mut erfordert. Aber ich dachte, es wäre ein harter Schritt, dabei war es eine Befreiung. **Wenn mir nur noch zwei Tage bleiben und ich weiß, dass ich verrecke, will ich diese Zeit in Liebe genießen und nicht mein Dasein in einer Klinik fristen.** Für mich war das meine individuelle Form des Krisenmanagements.

Mein Freund Stefan ist vor zwei Jahren am gleichen Hirntumor, wie ich ihn habe, verstorben. Allerdings handelte es sich bei ihm um den WHO Grad 4. Er hat sich zu Beginn für den klassischen Weg der Chemo entschieden. Wir hatten immer den gleichen Humor, eine tiefe Freundschaft und eine ähnliche Lebenseinstellung. Stefan ist während seiner Erkrankung sogar noch Vater eines Wunderbabys geworden und hat dem Leben seinen besonderen Stempel aufgedrückt. Dass er herkömmliche Behandlungen hat machen lassen, habe ich stets respektiert und habe, als er starb, letztendlich alle Zustände von Trauer bis Wut durchlaufen. Und natürlich hat mir sein Lebensende meine eigene Endlichkeit wie nichts sonst gespiegelt. Das erste Jahr über haben wir uns nur per Telefon und Sprachnachricht ausgetauscht. Er hatte als

Anlaufstelle für Erkrankte im Netzwerk die Funktion, die ich zynischerweise heute einnehme. Als die Ärzte meinen Freund zum ersten Mal aufgrund einer Lungenentzündung nachhause schickten und seine Chemo abgebrochen wurde, haben ihm die Ärzte noch drei Monate zu leben gegeben. Parallel dazu war es seine großartige Frau, die schon nach begleitenden Alternativen suchte. Aus den prognostizierten drei Monaten hat Stefan noch mit Eigensinn, Liebe zu leben, und ganz viel Charakter unglaubliche fünf Jahre gemacht, weil er den Mut hatte, umzudenken und auf seine Intuition zu hören. ***„Aus drei Monaten ein ganzes Leben machen“***, ist sein Motto gewesen – heute begleiten mich die Worte täglich. Als austherapierter Mann wurde Stefan quasi zu einem Umdenkprozess gezwungen, als die Ärzte sagten: ***„Gehen Sie mal lieber heim, denn Sie sind eh bald tot, regeln Sie mal alles“.*** Diese Kaltherzigkeit der Behandler ist für mich unerträglich, und es macht mich stolz, einen so starken Freund gehabt zu haben. Für ihn hat es sich auf jeden Fall mehr als gelohnt, über diese auferlegte Linie der Ärzte zu gehen. Natürlich ist es tragisch, wenn ein junger Mann stirbt, denn es war einfach viel zu früh. Heute schaffe ich es, ihn als Quelle der Inspiration zu sehen. Er hat aus drei Monaten ganze 60 gemacht, weil er willensstark war. Mein Fokus ist auf seinen Erfolg gerichtet und auf alles das, was er uns geschenkt hat. Noch heute gehen mir einige Eindrücke durch den Kopf. Eine völlig ratlose Hospizleiterin sprach mich zum Beispiel mit sehr viel Mitgefühl nur wenige Momente vor Stefans Tod auf meine riesige Narbe am Kopf an. Jene Narbe meiner eigenen Hirntumoroperation, die zu dem Zeitpunkt drei Jahre zurücklag mit der Prognose, dass mich selbst eine Lebenserwartung von drei bis fünf Jahren begleitet und wie eine zweite Haut an mir klebt.

In diesen Minuten damals an Stefans Bett im Hospiz habe ich nicht nur einen Freund verloren. Vor mir lag ein tapferer Mann, der ein Spiegel für meine eigene Krankheit ist. Ich habe live gesehen, wie es gehen kann. Nicht aus Zeitungen, von Ärzten oder vom Hörensagen. Live und in Farbe musste ich mit ansehen, was dieser Scheiß mit einem Menschen machen kann. Wir haben so unfassbar viele Faxen gemacht, an die ich gerne denke. Die Erinnerungen an den Mann, der mit grauer Haut wie ein Schatten seiner selbst war, verblassen und der Held lebt auf. **Man kann es versuchen zu verdrängen, jedoch sieht man Menschen den Übergang in die letzten Lebensmomenten einfach an, wenn die Seele dabei ist, den Körper zu verlassen.** Ich bin froh, mich dieser Angst, nämlich dem Anblick des Todes durch meine eigene Krankheit, für Stefan gestellt zu haben. **Daran bin ich selbst gewachsen, denn ich habe eine innere Grenze überschritten und war stark, für uns beide.** Meine letzten Worte an Stefan waren damals, dass ich den Hut vor ihm ziehe, denn es war eine coole Nummer mit ihm. Wir haben uns in wenig Zeit so gut verstanden, wie andere es ein langes Leben lang nicht auf die Kette kriegen. Mein Freund, wir sehen uns hinter dem Vorhang garantiert wieder, aber Du musst noch auf mich warten in Deinem hässlichen Kommunionsanzug (kleiner Insider). Ehre und Stärke, mach´s gut, Stefan!

Stefans Tod war neben meinen eigenen Diagnosen und den Tränen meines Vaters das wohl Härteste, was ich in meinem Leben erlebt habe. Heute kann ich behaupten, dass ich die Erfahrungen und Gefühle überwunden habe. Dies ist das wohl beste Beispiel dafür, zu was wir alles in der Lage sind. Wir sind so stark und mit dem Bewusstsein eines Leaders auch zu unfassbaren Dingen fähig. Traue Dich und vielleicht kannst Du die nächsten Krisen schon ganz anders meistern. Ich glaube an Dich und an mich!

Notiz an mich:

Die Krisen machen den kleinsten Teil Deines Lebens aus. Der Rest ist Freude.

Hast Du Dich jemals in fundamentalen Krisen und Momenten der Verluste wiedergefunden? Versuche, die Erfahrungen als Möglichkeit zum Wachstum anzunehmen. Tragische Einschnitte kennen wir alle, jedoch sind wir nicht „nur" unsere Traumata - in uns allen steckt so viel mehr. Jeder äußere Umstand hilft uns, sei er auch noch so hart. Wenn wir es schaffen, im Einklang mit all unseren Erlebnissen zu leben, überqueren wir auch Berge und Täler!

"Ohana me
Family me
left, beyond

ans Family,
ans nobody
or forgotten."

Gesehen als Tattoo
am Gardasee 2017

#11 Philosoph der Freiheit oder der Kumpel von nebenan

Der Drang nach Freiheit umfasst Gesellschaften seit Jahrtausenden. Aber was ist diese Freiheit eigentlich, nach der alle streben? Wahrscheinlich ist es so simpel wie genial: Es ist das Sehnen nach einem erfüllten Leben. Das Glück in uns ist die Freiheit, um die es am Ende immer geht. Der Blick darauf, was wir getan haben, lässt durchblicken, wie viel Freiheit wir wirklich erfahren haben. Auf dem Weg zur Freiheit bedeutet das alles, über persönliche Grenzen zu gehen, seine eigenen Gedanken in den Griff zu bekommen. Die gute Nachricht: Das Drama findet nur im Kopf statt, was mit einem Schmunzeln in meinem Fall schon etwas makaber wirkt.

In meinem Leben tanze ich zwischen Ballermann und dem Philosophen von nebenan – immer geht es doch um Bewusstsein, wobei das Thema außen egal ist. Was ich nie zu glauben gewagt habe, ist die Erkenntnis, dass meine Atmung in vielen Situationen meines Lebens der Schlüssel war. Yogis praktizieren eine bewusste Atmung als Lebensinhalt, der alles reguliert und über Erfolg sowie Misserfolg entscheidet. Spinnt der jetzt völlig? Nein! Das alles ist weniger spirituell, als es im ersten Moment wirkt. Neben der am Anfang des Buches bewussten Form der Gedankenausrichtung ist die Atmung der zentrale Schlüssel. Wer emotional oder körperlich Schwierigkeiten hat, muss sich unbedingt auf seine Atmung konzentrieren, wenn er schnellstmöglich wieder den entspannten Zustand erreichen möchte.

Im angespannten Zustand atmen wir flach und sind permanent

darauf eingestellt, zu kämpfen, zu verteidigen und wegzulaufen. Und was erzeugen diese Bereitschaften? Mehr von dem, was wir nicht erfahren wollen. Unsere Atmung verändert sich bei Stress – wir holen kurz und flach Luft, um uns mit dem nötigen Sauerstoff zu versorgen. Für mehr ist dann im Zustand innerer Panik kein Raum mehr. Das Herz rast und Sauerstoff wird in die Muskeln gepumpt, ein Engegefühl im Kampf um das Überleben entsteht. **In Bedrängnis blenden wir alle Talente aus und ein konstruktiver Umgang mit dem Leben wird unmöglich.**

Mittlerweile habe ich keine Angst mehr vor dem Tod. Ich pflege Momente der bewussten Auseinandersetzung und habe alle Szenarien durchgespielt, habe immer den nächsten Schritt vor Augen. Statt einer Konzentration auf ein mögliches Elend haben Priorisierung und die konzentrierte Widmung all dem, was ich wünsche, Einzug gehalten. Zu einem freien Mann geworden zu sein, bedeutet an einem simplen Beispiel verdeutlicht für mich, dass ich bei einem Urlaub auf Mallorca bei schlechtem Wetter einfach für einen Tag spontan nach Ibiza fliege. Das Beispiel lässt sich auf jede andere Situation im Leben übertragen, in der eine Entscheidung für seinen Willen und sein Glück notwendig ist. Die Erkenntnisse der letzten fünf Jahre zu leben, sind der wahre Spaß. Die Theorie anzuwenden, ist nun Sinn des Lebens.

Doch welche Momente haben die Sinnsuche am meisten geprägt? **Als Philosoph der Freiheit habe ich mich und mein Lebenskonzept in einem besonderen Moment als komplett gescheitert empfunden.** Es war nicht der Tod oder irgendeine neue Diagnose. Es war ein blauer Anzug. So ein wunderschöner mit großen Caro und perfekt sitzender Weste. Ich fühlte mich bereits nach meiner Anprobe wie einer aus dem Boss-Katalog. Schockverliebt in das neue Outfit ging ich zum Schneider – der letzte Schliff muss sein.

"Noch nie hat jemand etwas verändert, indem er so war, wie alle anderen."

Unbekannt

Der Anzug war Ausdruck dessen, wie sehr ich mich auf die Hochzeit meines besten Freundes freute. Als Trauzeuge wollte ich an seiner Seite sein, alle Gefühle durchlaufen und natürlich auch gut aussehen… Doch daraus wurde nichts. Zwei Tage vor der Hochzeit meine Notoperation und der Anzug beim Schneider in der Warteschleife. Noch nie in meinem Leben habe ich mich derart als Versager gefühlt, denn ich war nicht der starke und schöne Trauzeuge. Ich war der dem Tod geweihte Mann nach Krampfanfällen und einem Hirntumor. Während ich mich lange als starken Kerl gesehen habe, war der Moment der Hochzeit meines Freundes der größte Spiegel meiner Seele und der darin verborgenen Schwäche. Und nun lasse ich die Hosen vor Dir, lieber Leser, komplett runter: **Lange Jahre habe ich es nicht übers Herz gebracht, den Anzug als Ausdruck meiner ganz persönlichen Schmach vom Schneider abzuholen.** Er hing dort auf der Stange. Ich war schissig und schwach. Ich konnte diesen hübschen Fetzen Stoff nicht ansehen. Und mit nach Hause nehmen schon gar nicht. **Auch ein Großmaul wie ich hat halt emotionale Schwachstellen, die es zu heilen gilt.**

Jahre sind vergangen. Noch heute macht mich der Gedanke an den Anzug und mein „Versagen" unruhig. Aber so ist es nun mal, das Leben. An dieser Stelle bitte ich Dich, lieber Leser, das Buch zu schließen und auf das Cover zu blicken. Vielleicht entdeckst Du etwas. Möglicherweise habe ich ja doch noch zu neuem Mut gefunden. Oder zu einem besonderen Kleidungsstück…

Notiz an mich:

Ich höre auf mein Bauchgefühl und atme tief ein. Entscheidungen treffe ich niemals in Momenten innerer Panik!

"Mich fuck
dieses ge
vorbei se

es ab, dass
le Leben
n könnte."

Thorsten Wihoda

#12 Kontrollverlust - die weiße Diesel-Unterhose

Ich liege im Bett und starre an die Wand. Gerade habe ich einen Krampfanfall überlebt und bin völlig besinnungslos. Noch weiß ich nichts von dem neuen dunklen Moment – der erneuten Übung namens Krebs. Wie nach einem riesigen Besäufnis liege ich an einem Tiefpunkt meines Lebens, ohne zu wissen, was los ist. Hoffnungslosigkeit. Der eigenen Schwäche ausgesetzt bemerke ich, wie ich der grausamsten Wahrheit ins Auge sehen muss: meinem Verfall.

Die Ästhetik begleitet mich als Sportler ein Leben lang. Zur Eitelkeit zählt eine weiße Diesel- Unterhose, in der ich mich selbst unwiderstehlich finde. **Nun liege ich zusammengekauert und zertrümmert in einem Krankenhaus, die weiße Unterhose ist vollgepisst und mit ihr mein blütenreines Ansehen.** Zurück auf den Punkt der Menschlichkeit. Stirbt mit der Unterhose nun das Image des Schönlings? **Das Image des Helden ist komplett nutzlos, wenn das Leben am seidenen Faden hängt.** Da hängt man also im Nichts, zu schwach, um zu leben, und zu vital, um dann doch zu sterben. Wann ist zu viel einfach zu viel?

Er traf mich kurz nach dem Blütepunkt meines Lebens (nach der Geburt meiner Tochter): der Kontrollverlust. Ich stand völlig glücklich im Leben und auf sehr gesunden Beinen. Wir, meine Frau und ich, hatten uns im Leben organisiert und eingerichtet. Nach einem Wendepunkt stand mir gar nicht der Sinn. Bisher waren die Reizpunkte im Leben immer dämliches Benehmen anderer und der ein oder andere Shitstorm, wenn alle wieder mal alles besser wussten. Spannend ist doch auch, dass genau diejenigen Ratschläge geben, die nie mehr als man selbst leisten. Aber egal, das ist Stoff für ein eigenständiges Buch. Bringt es mir an dieser Stelle etwas, wie ein Ertrinkender an alten Schubladen zu hängen und in den Vorwurf zu gehen? Natürlich nicht! Nun bin ich selbst mein eigener Konfliktherd. Ob ich jemals mit mir selbst Frieden schließen kann?

Antworten finden wir nur in uns selbst, und den Ort, die Quelle der Lösung, kennt außer uns niemand. Nicht nur Menschen mit zwanghafter Persönlichkeitsstörungen streben nach Ordnung, Perfektionismus und Kontrolle bei sich und den Situationen, in denen sie sich befinden. Das Bedürfnis nach Kontrolle entsteht genau dann, wenn wir unsicher sind, und das trifft im ein oder anderen Punkt wohl auf die meisten Leute in der Gesellschaft zu. Schlechte Ideen haben nicht selten eine enorme Haltbarkeit, und mit ihr verbunden, kennt wohl jeder diese Beispiele, die ewig gedanklich zu kontrollieren versucht wurden. Bringt halt nichts. Vor allem dann nicht, wenn man eine tickende Bombe in sich trägt.

Mitgefühl statt Kontrolle? Wann immer ich das Bedürfnis nach Kontrolle als altes Muster in mir entdecke, gehe ich in die Praxis: Ich halte mein Ego auf Abstand und begebe mich auf die Suche nach meinem Herzen. Dies ist einer der bedeutsamsten Momente unseres Lebens – im Zweifel täglich neu. **Jeder Moment ist der wichtigste unseres Lebens und es versaut an Qualität, aus innerer Unruhe und Angst heraus etwas kontrollieren zu wollen.** Sich seiner selbst bewusst zu sein, ist ein Grundpfeiler und keine Kontrolle, wie es gerne fälschlicherweise interpretiert wird. Zweifel und Überwachung aller Lebenslagen sind bis zu jenem Zeitpunkt verständlich, an dem das Bewusstsein wächst, dass wir uns an die erste Stelle begeben dürfen. Dann taucht eine ungeahnte Freiheit auf, die den vorherigen Mangel an Selbstmitgefühl erst so richtig deutlich werden lässt.

Vielleicht berührt mich das gerade deshalb, da ich meinen inneren Kritiker nie hören wollte und stattdessen hunderte Stimmen draußen gehört habe. **Wenn ich mir vorstelle, ich hätte jahrzehntelang so mit anderen geredet, wie ich mich selbst behandelt habe, wäre ein Drama nach dem anderen entstanden.** In meinem Drang nach ständiger Kontrolle war ich richtig ekelhaft zu mir selbst. Unfrei. Mit dem Mitgefühl zu uns selbst löst sich der Drang nach Überwachung und Kontrolle auf – mit dem Selbstmitgefühl steigt die Gesundheit von uns allen, denn wir sind voller Strahlkraft: Ein Vorbild steckt in jedem. Entfalten wir jedoch weiterhin Hass gegen uns selbst ebenso wie den Zwang zur Kontrolle, leidet unser gesamtes Umfeld und weitgefasst die Gesellschaft unter dem Treiben eines jeden einzelnen, was unschöne Folgen hat. Der Hass gegen sich selbst schlägt in Ablehnung anderer um, denn das reine Ego kennt kein Mitgefühl.

Vermutlich entsteht der Wunsch nach Kontrolle auch deshalb, weil Konfrontation mit sich und der eigenen Wahrheit nicht auszuhalten ist. **Wer möchte schon etwas falsch machen, schwach sein oder sich irren?** Alles dies scheint in unserer Gesellschaft nicht sonderlich beliebt zu sein. Warum mir diese Dinge heute als logisch erscheinen, ist klar: Ich hatte ausreichend Zeit mich selbst und dafür, die Welt aus der Stille heraus zu beobachten. Wie finden wir innere Weiten? Indem wir friedlich werden und begreifen, dass jeglicher Kampf Unfug ist. Selbst alte Reizpunkte wie eine Bevormundung sind es – statt Klugscheißen ist Liebe angesagt und echtes Gefühl. Der innere Beobachter ist nicht greifbar und vor allem auch nicht im Spiegel erkennbar. Faszinierend, denn er nimmt er doch alles wahr. So sehr wir uns auch bemühen, wir können uns niemals selbst in die Augen sehen, jedoch in eine noch intimere Ebene eindringen: in das Verständnis für unser Gefühl. In die Liebe zu uns.

Obwohl wie keine objektiven Angaben über den Beobachter in uns machen können, spüren wir ihn intuitiv, und ausweichen können wir ihm ebenso niemals. Der innere Ort in uns ist frei von Kontrolle und kann nur erreicht werden, wenn die Kontrolle aufhört. Ein Phänomen, denn meistens beginnt die Reise dahin genau aus dem Wunsch nach Kontrolle und endet auf der Suche nach ihr. Sie löst sich in sich selbst auf und wird überflüssig, da wir etwas Nichtgreifbares finden.

Fakt ist, der innere Beobachter in uns

ist im Hier und Jetzt
ist immer liebevoll
ist still
kennt keine Kontrolle und kann loslassen
ist sich seiner selbst genug
ist unsere Grundfestung
ist Liebe pur

Während ich lange Jahre tief in meinem Unterbewusstsein die Glaubenssätze trug, für das Leben etwas tun zu müssen, ist mir heute klar, dass dies ein Irrtum war. Das Leben liebt uns, auch wenn wir nichts hinzutun. Gefällt uns das, wie wir gelebt werden, nicht, haben wir alle jegliches Potential zur Veränderung. Und die beginnt genau dann, wenn wir loslassen.

Ein wirklich erfülltes Leben kennt keinen Zwang, denn es genügt sich und dann uns, die es ausleben und erfahren, aus sich heraus. Indem wir uns allmählich und in Häppchen mit den Themen unseres Lebens selbst in Gelassenheit konfrontieren, die wir damals noch zu kontrollieren versuchten, lernen wir am schnellsten, Freiheit zu leben. Ziel der Reise ist es, etwas zu finden, was wir lange verlernt haben: uns selbst! Ein erfülltes Leben muss nicht höher, schneller, weiter sein. In der Theorie weiß ich

"Du musst nur heute gut sein, nur heute dein Bestes geben, nur heute glücklich sein.

NUR HEUTE"

Anthony Fedrigotti

das selbst – in der Praxis scheitere ich selbst manchmal noch an meinen eigenen Erkenntnissen. Aber ich habe ja noch ausreichend Zeit, zu lernen.

Während sich in der Annäherung an das persönliche Glück Festhalten und Loslassen gegenseitig die Bälle zuspielen, gehen mir Gedanken zur eigenen Mündigkeit durch den Kopf. Sich von Kontrolle und dem Bedürfnis nach ihr zu verabschieden, ist auch ein Wert der Unabhängigkeit, auf dem ich zur Erkenntnis offensichtlich zwei Diagnosen brauchte. Mündig zu sein bedeutet, dass man innerlich und äußerlich zu eigenen Entscheidungen in der Lage ist. Das bin ich absolut frei von dem alten Zwang, alles kontrollieren zu wollen. Dem Leben sind wir es schuldig, dass wir es leben. Dass wir es mit Leben füllen. Und unserem Herzen schulden wir Liebe, denn es tut eine Menge für uns.

Notiz an mich:

Ich bin mir dessen bewusst, dass das Schlimmste nur in meinem Kopf existiert! Ich bin Herr meiner Sinne und meiner Kraft, sodass mich niemals etwas in meinen Handlungen einschränken kann.

Beobachte, wer Dir wo Vorschriften machen will oder „nette“ Ratschläge gibt, denn in den wenigsten Fällen sind sie das. Häufig sind es dämliche und getarnte Bevormundungen, die derjenige aus seinem eigenen Bedürfnis nach Kontrolle heraus gibt. Statt auf sich zu sehen, ist der Klugscheißermodus scheinbar der leichtere Weg, der von sich selbst ablenkt.

Die Übung besteht an dieser Stelle aus der Aufgabe, ganz in Deiner Ruhe zu bleiben.

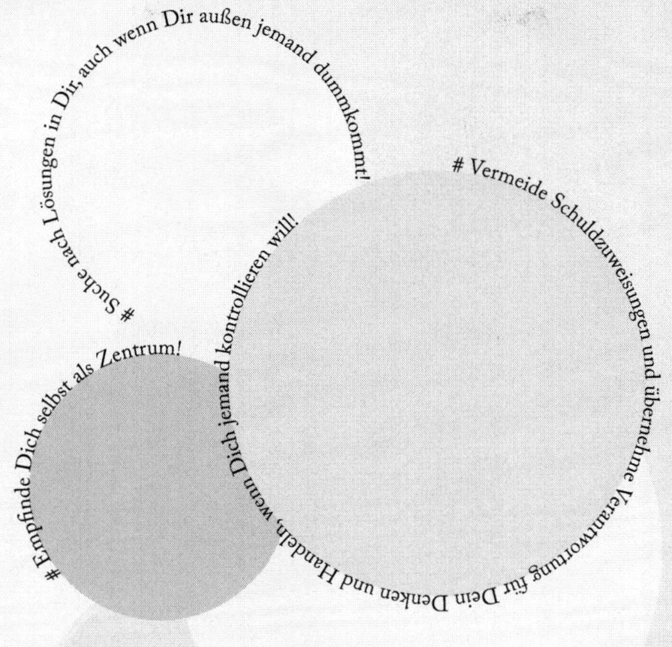

Suche nach Lösungen in Dir, auch wenn Dir außen jemand dummkommt!
Empfinde Dich selbst als Zentrum!
Vermeide Schuldzuweisungen und übernehme Verantwortung für Dein Denken und Handeln, wenn Dich jemand kontrollieren will!
Die Lösungen stecken nur in uns selbst!

Hier ist Raum für Deine Gedanken

#13 Der fünfte Geburtstag

Es war einmal… ein kleiner Junge, der das Leben liebte und herumtobte. Vor meinem inneren Auge sehe ich, wie er auf Bäume klettert, stundenlang in der Natur verschwindet und sich auf alles freut, was noch so kommen mag. Verliebt in das Abenteuer zieht er kreischend vor Glück ins Leben. Dieser kleine Thorsten steckt heute noch in mir. Wer stellenweise in diesem Buch an Leichtsinn und Wagnis denkt, mag für sich richtig liegen. Für mich sind die Lust auf das Leben und die vielen Chancen Motor und Teile des kleinen Thorsten, den ich so sehr fühle. Wo viele Erwachsene die Anteile der Kleinen in sich zu leben und lieben verlernt haben, stecken in mir wahrscheinlich kindliche Kraft und Visionen, die für zehn andere ausreichen. Stundenlang saß ich als kleiner Junge in Ideen versunken, was das Leben für mich alles zu bieten haben würde. Der erste fünfte Geburtstag brachte noch mehr Lust auf Abenteuer, der zweite fünfte Geburtstag bringt neben dem Fünkchen Leben auch eine riesige Form des Respekts mit. Demut vor dem Geschenk des Lebens, das ich wirklich oft drangsaliere, taucht auf, wenn ich tief in mich hineinhöre.

Eins steht fest: Überrascht hat es mich und ich bereue nichts. Keine einzige Sekunde! An meinem fünften Geburtstag im Jahr 2022 – ich habe die Prognose von maximal fünf Jahren Lebenserwartung durchbrochen – denke ich noch längst nicht an ein Ende. Ich empfinde Demut und Dankbarkeit dem Leben gegenüber. Und in einem Punkt unterscheidet sich mein Leben null von Eurem: **Es lohnt sich, in manche Visionen zu investieren, während andere einfach Unsinn meines Egos ist.** Doch wie finde ich heraus, was für mich smarte Ziele sind? An dieser Stelle ist der große Thorsten ein Suchender, ebenso wie der kleine Thorsten damals.

Kann ich mir bei meinen Diagnosen überhaupt smarte Ziele setzen? Würde ein Verzicht darauf nicht mein mentales Todesurteil bedeuten? Was ist realistisch? Meine Gedanken schweifen ab. Was sind überhaupt SMARTE Ziele? Als smart werden die Ziele oder das dazugehörige Kriterienraster definiert, das die meisten von uns aus der Politik oder aus Firmen und den jeweiligen Jahreszielen kennen, die es zu erreichen gilt. Viel zu selten werden die Kategorien des smarten Ziels jedoch auf private Wünsche und das Leben generell übertragen. Sich wirklich mal nach einem Schema alles vorzustellen, ermöglicht mir persönlich, viel mehr in die Klarheit zu kommen, was ich denn eigentlich will und wie ich es erreichen kann.

Notiz an mich:

Dieser fünfte Geburtstag ist anders. Stiller, andächtiger und beschaulicher, als es früher der Fall war. Ich verändere mich, werde älter. Ein Satz, den ich wohl wie kaum einen anderem in meinem Leben genieße. Muss der fünfte Geburtstag ein Rückblick oder der Fokus nach vorne sein? Ich trinke auf Euch.
Auf uns alle!

Spezifisch

Ein Ziel muss genau definiert und so spezifisch wie möglich sein. Möchtest Du Glück empfinden, ist dies sehr vage und kann viel beinhalten. Mache Dir zum Beispiel Gedanken darüber, was Dich weiterbringt, was Dir Freude bereitet und was Du als Ziel festlegen kannst, um mehr Lebensqualität zu erreichen.

SMART

Messbar

Dein messbares Ziel sollte aus eigener Kraft erreicht werden können. Wenn Du andere zur Erreichung benötigst, kannst Du den Fortschritt nicht exakt messen und bist auf Faktoren von außen konzentriert.

Attraktiv

Dein Ziel sollte immer attraktiv für Dich sein! Sobald es nicht anspornt oder sogar stresst, solltest Du Deine Idee durchdenken. Ein Ziel muss Lust darauf machen, es zu erreichen. Selbst der Weg sollte schon ein Genuss sein, wenngleich auch nicht immer ein Kinderspiel.

Realistisch

Unerreichbare Ziele bremsen uns in unserm Tatendrang, im Elan und in der Motivation. Wie realistisch ist es, dass Du sein Ziel innerhalb einer gewissen Zeit erreichen kannst?

Terminiert

Was gilt es bis zu welchem Zeitpunkt zu erfüllen? Wann soll Dein Ziel erreicht sein?

#14 Sommer 2022

Eigentlich dachte ich, dieses Buch sei fertig. Begleitet von der Freude auf alles, was kommt. Doch scheinbar hat mein Schicksal noch Umwege für mich im Gepäck. Auf dem Weg in den Sommerurlaub erschüttert ein erneuter Krampfanfall mein Leben. Fünf Jahre nach dem ersten und exakt in dem Moment, in dem ich kurz vor dem „Ablauf" der mir prognostizierten Lebenserwartung stehe. Macht mich das nervös? Tief in meinem Unterbewusstsein auf jeden Fall. Und ja, ich will es mir nicht eingestehen, dass es vorbei sein könnte.

Ich wache in irgendeinem Krankenhaus in Österreich auf. Stundenlang war ich leblos und nicht ansprechbar. Aber hey, immerhin nicht tot! **Irgendwie war meine Seele zwischen Welten unterwegs und hat sich dann doch dafür entschieden, hier noch ein paar Runden zu drehen.** Man sagt mir, dass der Anfall wesentlich schlimmer als der letzte vor fünf Jahren war. Damals hat man aufgrund dieser neurologischen Attacke meines Körpers den Hirntumor entdeckt. Ist er etwa zurück? Was blüht mir dieses Mal? Ich kann nicht denken, alles schmerzt. Ich fühle mich am Ende. Zertrümmert. Schwach. Wie geht es weiter? Und geht es überhaupt weiter? Muss ich nun sterben? Aber ich bin doch noch gar nicht fertig mit dem Leben!

Ich liege im Bett. Was will mir das Leben sagen? Oder ist es der Tod, der mit mir spricht? Warum ich? Warum schon wieder? Ich weine. Die Tränen sind bitter. Von nun an keine Autofahrten, kein Sprung in den See, kein Gläschen im Sommer. Wo führt das hin? Ich sehe meine Lebensqualität als zerstört. Alles, was mir Spaß macht, ist von nun an verboten. Was muss ein Mensch doch alles aushalten. Das Schicksal mag ein leiser Verräter sein, doch auch dieses Mal hat es mich nicht kleinbekommen. Wo ich bin, ist vorne? Wäre toll, denn gerade liege ich erschlagen und bin alles andere als eine Speerspitze der Vergnügung. Wie kann man so schwach sein und doch voller Leben? Also auf in die Zukunft.

Zwei Tage später. Ich sitze im Auto auf dem Weg nach Kroatien. Noch gibt es keine feste Diagnose. Mein Gedächtnis spielt nicht ganz mit. In mir der tiefe Wille, das Leben zu genießen. Am Ziel angekommen erwarten uns Freunde mit einem Sternerestaurant und pulsierendes Leben, während ich noch nicht begreife, was gerade alles passiert. **Mein Titel „Für ein Vielleicht ist das Leben zu kurz" droht mir selbst auf die Füße zu fallen, und mir wird bewusst, wie doppeldeutig das eigentlich ist.** Während die meisten vermutlich daran den Aufruf zu Übermaß und Halligalli sehen, kann es aber auch genau das Gegenteil mitbringen. Ich werde nachdenklich, denn ausgerechnet in mir steckt derart viel Hallodri, dass es ausreicht, mehrere Leben damit zu füllen.

Mein Motto ist keine Einbahnstraße. Aber wo finde ich den Wendepunkt, um es nicht zu übertreiben? Ich habe keine Ahnung, an welcher Stelle „Ich nehme alles, weil es vorbei sein könnte" zu viel ist. **Woher soll ich wissen, wann Vernunft statt einer Sause angesagt wäre?** Der Verstand schreit natürlich danach, mich auszuruhen und zu besinnen, während Herz und Seele Leben spüren wollen. Jenes, das schnell vorbei sein kann. Der Wunsch nach Leben erfordert auch Veränderung, um zu überleben. Nur gerate ich auf der Suche nach Balance immer neu in Schieflage. Ab wann biete ich der Fügung die Stirn, weil mein Leben am seidenen Faden hängt? **Wann ehre ich das Geschenk namens Leben wirklich?** Wenn ich im Krankenhaus bleibe? Wenn ich kurz nach einem Anfall nach Kroatien aufbreche? Die warme Sommernacht macht mir zu schaffen, denn ich bin alles, nur nicht fit. Es ist schwer zu sagen, ob mich die Temperatur oder die vielen Gedanken wachhalten. In mir verschwimmt alles. Ich bin süchtig nach dem Leben, weil es so guttut. **Dieser Thrill des Abenteuers, dieses in der Tiefe leben und lieben wollen. Gleichzeitig ist mir klar, dass mich mein Hang zur Unvernunft mein Leben kosten kann.** Und dies schneller, als mir lieb ist. Wie komme ich von der Überholspur runter, wenn diese für mich Lebendigsein verkörpert? Ist es genau dieser Drang nach mehr, der mein Leben vorzeitig beenden kann? **Auf die Kacke hauen, weil es morgen vorbei ist, ist so ein gefährliches Spiel.** Es dämmert mir, dieses „Für ein Vielleicht ist das Leben zu kurz“ ist auch eine Ausrede, sich nicht verändern zu wollen. Oder bereue ich es irgendwann, weil mit etwas mehr Rücksicht auf mich selbst quantitativ viel mehr möglich gewesen wäre? Zu Beginn des Buches habe ich noch von Qualität gesprochen und wie wichtig sie ist. Nun geht mir der Arsch auf Grundeis. Ist die Quantität nun vorbei? Dabei will ich doch als festes Ziel meine Tochter Lilli eines Tages zum Altar führen.

Ich ticker eine meiner engsten Freundinnen und gleichzeitig meine Mentorin von unterwegs an. *„Hey Ella, sag mal, kennst Du Dich mit Gedächtnistraining aus?“* Warum stelle ich ihr diese Frage, wo ich die Antwort doch kenne? Natürlich kennt sie sich aus. Oder ist es ein Hilfeschrei, an einen Menschen, dem ich sehr vertraue, hat sie mich doch schon 2019 in Hamburg auf Dinge hingewiesen, die ich nicht sehen wollte und eigentlich bis heute nicht sehen will. Hat sie doch auf mich eingeredet wie auf einen lahmen Gaul, es aufzuschreiben. Nicht die Geschichte meiner Krankheit… Sie war der Meinung, dass der Verlauf der Krankheit mit all ihren Stationen schon x-Mal geschrieben wurde. Nein, sie wollte etwas anderes von mir. Ich soll sagen, was ich wirklich aus meiner Seele heraus zu sagen habe. Aktuell verstumme ich etwas, und dennoch sind die Stimmen im Kopf unerträglich laut. In meinem Gedächtnis sind Lücken. Die Vitalfunktionen laufen auf Autopilot. Wie lange aber macht mein Kopf noch mit?

Lange Zeit hatte ich keinen blassen Schimmer, was ich zu sagen habe. Und vor allem – wer will das wissen? Erst als ich meiner Verlegerin und Freundin (Mentorin) begegnete und sie mir im Grunde das Gleiche sagte (… ob die sich da wohl schon kannten?), setzte ich es um und schrieb auf, was ich zu sagen habe… Doch jetzt, auf dem Weg nach Kroatien, um noch mehr Leben aufzusaugen, sitze ich auf dem Beifahrersitz und habe das erste Mal echte Zweifel. Warum antwortet Ella mir nur in kurzen und knappen Worten? „Ja, schön und okay, tu das, viel Spaß." Und auf die Frage mit dem Gedächtnistraining sagt sie einfach „JA". Sonst nix! Wir haben vorher so viel geschrieben, und dann der Cut. Mache ich gerade etwas falsch? Stellt sie diese Aktion mit dem Trip drei Tage nach dem Anfall in Frage? Unruhe macht sich breit und ich weiß nicht, wohin mit meinen Gedanken. Sie scheinen zu explodieren. **Ein völliges Wirrwarr. Und ich habe Angst. Und es ist nicht jene Angst, dass mein Leben nun doch vorbei sein könnte.**

Ich stelle das erste Mal mein eigenes Motto in Frage…

Für ein Vielleicht ist das Leben zu kurz!

Und dann kommt mir Ellas Lebensmotto in den Sinn:

Das Leben ist zu kurz für morgen.

Die Tränen laufen über meine Wangen...
Sie meint etwas anderes als ich.
Aber habe ich schon genug gelebt, um mich zu besinnen und einen Gang zurückzuschalten?

#15 Ihr von morgen

Liebste Lilli,

dieses Buch ist in eine sehr seltsame Zeit hinein entstanden, in der die Gesellschaft sich denunziert, angreift und häufig nur wenig mitmenschlich zeigt. Sehr gerne hätte ich Dir den Trubel erspart, jedoch gehört er zum Leben dazu.
Ich kann Dich nur ein Stück auf Deinem Weg begleiten und Dir die schönsten Flügel geben, damit Du Dich selbst entfalten kannst. Alle Sorgen kann ich niemals vor Dir fernhalten, und dennoch werde ich es als Dein Vater immer versuchen. Dies hat nichts mit Blauäugigkeit zu tun, sondern mit reiner Liebe. Der tägliche Spagat ist es, Dir die Entwicklungen der Welt draußen niemals vorzuenthalten und Dir dennoch die Angst zu nehmen, Dich in dieser Welt als starke Frau eines Tages alleine zu bewegen. Realismus trifft an dieser Stelle auf die Wunschvorstellung einer für Dich perfekten Welt.
Aus tiefstem Herzen möchte ich Dir alles mitgeben, was Dich dazu ermutigt, immer an das Schöne in den Menschen zu glauben und zu lieben. Liebe aus vollem Herzen, tanze durchs Leben und sei dankbar für die vielen kleinen Dinge, die das wahre Geschenk sind. Traue Dich, Deine Träume zu verwirklichen, mutig zu sein, wann immer Du es kannst. Sei immer auf die Tatsache gefasst, dass die Sonne immer wieder aufgeht. Selbst wenn einmal alles zu zerbrechen droht, an das Du geglaubt hast, wir stehen immer wieder auf. Sei ehrlich und höre immer auf Deine innere Stimme, denn sie ist unser wahrer Wegweiser.
Lasse Dir niemals von sogenannten Realisten sagen, dass Deine Ideen zu groß seien, unrealistisch und nicht machbar. Gehe einen Schritt zurück, nimm Anlauf und beweise allen aus

vollem Mut heraus das Gegenteil, denn unsere Welt ist grenzenlos an Möglichkeiten und Chancen. Ebenso wie meine Liebe für Dich.

Ich hoffe, dass Du jeden Tag lächelst. Denke daran, dass das Glück eine Reise und kein Ziel ist. Fülle Deine Tage mit Momenten, die es wert sind, sich immer daran zu erinnern.
Momente des Lachens, der Besinnung, der Demut, der Freude, der Dankbarkeit und der Liebe. Denke daran: Wenn Du Deine positive Energie in die Welt schickst, wird sie tausendfach zu Dir zurückkommen. Verliere niemals deinen Mut! Und noch etwas: Frage immer! Auch wenn die Antwort nein sein könnte, tu es dennoch! Dann kannst Du Dir nie vorwerfen, dass Du nicht gefragt hast und nicht dieses „Was wäre wenn?“ in Deinem Kopf rumgeistert, denn manchmal wird Dich die Antwort überraschen. Und sage immer, was Du fühlst oder für jemanden empfindest, denn vielleicht empfindet er auch so für Dich.
Habe unendlichen Mut!

Ich liebe Dich von ganzem Herzen!

Papa

#foreverlove